Cómo analizar a las personas y la psicología oscura:

Guía secreta de la persuasión, la guerra psicológica, el control mental, la PNL, el comportamiento humano, la manipulación y la inteligencia emocional.

Índice de contenidos

El siguiente libro electrónico se reproduce a continuación con el objetivo de proporcionar información lo más precisa y fiable posible. Sin embargo, la compra de este libro electrónico puede considerarse como un consentimiento al hecho de que tanto el editor como el autor de este libro no son de ninguna manera expertos en los temas discutidos en el mismo y que cualquier recomendación o sugerencia que se hace aquí es sólo para fines de entretenimiento. Se debe consultar a los profesionales que sean necesarios antes de emprender cualquier acción respaldada en este libro.

Esta declaración es considerada justa y válida tanto por la American Bar Association como por el Comité de la Asociación de Editores y es legalmente vinculante en todo Estados Unidos.

Además, la transmisión, duplicación o reproducción de cualquiera de las siguientes obras, incluida la información específica, se considerará un acto ilegal, independientemente de si se realiza de forma electrónica o impresa. Esto se extiende a la creación de una copia secundaria o terciaria de la obra o de una copia grabada y sólo se permite con un consentimiento expreso por escrito de la Editorial. Todos los derechos adicionales están reservados.

La información contenida en las siguientes páginas se considera, en términos generales, una exposición veraz y exacta de los hechos y, como tal, cualquier desatención, uso o mal uso de la información en cuestión por parte del lector hará que cualquier acción resultante sea de su exclusiva responsabilidad. El editor o el autor original de esta obra no pueden ser considerados en modo alguno responsables de los daños y perjuicios que puedan sufrir tras la utilización de la información aquí descrita.

Además, la información contenida en las páginas siguientes tiene únicamente fines informativos, por lo que debe considerarse universal. Como corresponde a su naturaleza, se presenta sin garantía de su validez prolongada ni de su calidad provisional. Las marcas comerciales que se mencionan se hacen sin el consentimiento por escrito y no pueden considerarse en modo alguno un respaldo del titular de la marca.

Introducción

Enhorabuena y gracias por descargar Psicología Oscura. Aquí exploraremos los aspectos más sórdidos y oscuros de la psique humana, así como algunos métodos de aplicación de nuestros conocimientos para utilizarlos en nuestra vida cotidiana. Aquí se profundizará en los principios de la psicología oscura, los rasgos de la "personalidad oscura", los estudios de la psicología oscura, la lectura de la mente, la psicología cognitiva, los modos de persuasión, el control de las emociones y la ingeniería social y el liderazgo.

Este libro NO ofrece ningún beneficio formal para la salud y está destinado únicamente a fines educativos. Cualquier beneficio o perjuicio para la salud asociado a la lectura de este libro es meramente circunstancial y casual. El autor no aprueba el uso de ninguna información expresada aquí para mejorar la salud.

La psicología oscura acepta y abraza el lado más oscuro de la experiencia humana. En este sentido, hace lo mismo que cualquier área de estudio antropocéntrica, la única diferencia radica en la especialidad de la psicología oscura de esta realidad oscura dentro del animal humano. Sin embargo, la psicología oscura no pretende ser un desfile de villanos. Los especialistas en este campo hacen su trabajo para entender mejor por qué y cómo las personas malévolas trabajan para conseguir sus fines, no por un intento de ganar fama para sí mismos o para idolatrar a los más monstruosos de entre nosotros. También es importante tener en cuenta que todos y cada uno de nosotros tenemos un lado oscuro o "malvado" de nuestra propia psicología. Si bien hay algunos otros conductos por los que podemos llegar a la realización de los contenidos de este lado, es la psicología oscura la que nos proporciona la ruta más clara en nuestro camino hacia nuestra iluminación respecto a lo oscuros que somos realmente y por qué.

Como puede ver, tenemos mucho terreno que cubrir dentro de este libro, así que ahora debemos sumergirnos en nuestro primer tema relacionado con la psicología oscura: sus principios.

Capítulo uno: Los principios de la psicología oscura

La psicología oscura podría describirse mejor como un estudio de la condición humana en el que se convierte en norma que las personas orillen a otras por deseos criminales y/o desviados. A menudo estos deseos carecen de un propósito específico y se basan principalmente en deseos instintivos básicos. Cada ser humano tiene el potencial y la capacidad de victimizar a otros seres humanos, así como a otras criaturas vivas, pero la mayoría de nosotros mantenemos estos deseos reprimidos para poder funcionar con éxito en la sociedad. Los que no sublimamos estas tendencias oscuras solemos ser representantes de la "tríada oscura": psicopatía, sociopatía y maquiavelismo, u otros trastornos mentales/perturbaciones psicológicas. De este modo, la psicología oscura se centra principalmente en las bases (es decir, los pensamientos, los sistemas de procesamiento, los sentimientos y los comportamientos) que se encuentran por debajo de los aspectos más depredadores de nuestra naturaleza, los mismos que van más enérgicamente a contracorriente del pensamiento moderno sobre el comportamiento humano. En este campo, tendemos a suponer que estos comportamientos más abusivos, criminales y desviados son intencionados la mayoría de las veces, aunque hay casos en los que parecen no tener fundamentos teleológicos.

La psicología oscura acepta y abraza el lado más oscuro de la experiencia humana. En este sentido, hace lo mismo que cualquier área de estudio antropocéntrica, la única diferencia radica en la especialidad de la psicología oscura de esta realidad oscura dentro del animal humano. Sin embargo, la psicología oscura no pretende ser un desfile de villanos. Los especialistas en este campo hacen su trabajo para entender mejor por qué y cómo las personas malévolas trabajan para conseguir sus fines, no por un intento de ganar fama para sí mismos o para idolatrar a los más monstruosos de entre nosotros. También es importante tener en cuenta que todos y cada uno de nosotros tenemos un lado oscuro o "malvado" de nuestra propia psicología. Si bien hay algunos otros conductos por los que podemos llegar a la realización de los contenidos de este lado, es la psicología oscura la que nos proporciona la ruta más clara en nuestro camino hacia nuestra iluminación respecto a lo oscuros que somos realmente y por qué.

Hacer el mal, como afirma Sócrates, es hacer un daño a los demás. No sólo daña a los demás, sino que Sócrates también pensaba que daña nuestra propia alma, como muchos modernos estarían de acuerdo. Los psicólogos oscuros permiten que algunos de nosotros hagamos el mal a otros sin mayores propósitos. Sus fines nunca justifican sus medios porque, sencillamente, no hay fines que encontrar. Esta capacidad (y tal vez incluso la propensión) para el daño dentro de la causa o el propósito se puede encontrar dentro de todos nosotros. El campo de la psicología oscura asume justificadamente que estos deseos irracionales de dañar dentro de nosotros son increíblemente complejos y dañinos de entender.

Independientemente de que el mal se haga a propósito o incluso intencionadamente, y de que se haga por falta de dinero, por represalia o por poder, la fuerza más destructiva detrás del mal es la agresión. La agresión es probablemente el mayor adversario de las relaciones prosociales, y no debe confundirse con la asertividad. La agresión es cualquier comportamiento verbal y/o físico que tiene como objetivo dañar o destruir. Este objetivo es lo que la diferencia de otras clases de comportamientos que causan daño o destrucción sin ningún objetivo.

Desde el punto de vista biológico, hay ciertos marcadores genéticos que son más indicativos de agresividad que otros. Neurológicamente, es la amígdala la que controla la mayoría de los patrones de comportamiento agresivo. Por esta razón, las personas con la amígdala agrandada y deformada suelen cometer actos violentos en mayor proporción. En cuanto a las hormonas, suelen ser las personas (principalmente hombres jóvenes) con niveles más altos de testosterona y niveles más bajos de serotonina las que tienden a ser más violentas. Las personas más agresivas dentro de las sociedades suelen ser aquellas que han sido sometidas a una especie de bucle: sus niveles de testosterona aumentan y les hacen volverse agresivos, lo que a su vez engendra mayores niveles de testosterona y aún más agresividad. De este modo, se crean algunas de las personas más peligrosas que el mundo puede ofrecer. Los medicamentos y los alimentos que aumentan la serotonina y disminuyen los niveles de testosterona suelen ser las mejores opciones para disminuir los niveles generales de agresividad.

La causa más común de la agresividad es el fracaso o la imposibilidad de alcanzar un objetivo. Los estudios indican que las personas que se han sentido desgraciadas por tales acontecimientos desafortunados suelen hacer que los demás a su alrededor también se sientan más desgraciados. En estos casos desagradables, nos frustramos de forma natural, lo que hace que nos enfademos, y una vez enfadados podemos volvernos agresivos fácilmente si se nos da una señal. Algunos de los estímulos más comunes que pueden provocar comportamientos agresivos son los insultos personales (quizás el más común), el humo de los cigarrillos, los malos olores y las temperaturas elevadas. El ostracismo es otra causa común de agresión, que provoca algunos de los mismos fenómenos neurológicos que el dolor físico.

Una de las causas más trágicas del aumento de la agresividad es el conocimiento de que la agresión puede ser gratificante en algunos casos. Los niños que aprenden a una edad temprana que la agresión puede ser rentable (por así decirlo) son mucho más propensos a seguir siendo agresivos durante toda la vida. Otras influencias sociales que pueden provocar mayores índices de agresividad son la ausencia de uno o ambos progenitores durante los años de formación, siendo la figura paterna la que suele estar ausente. Para frenar el comportamiento agresivo antes de que empiece, a pesar de las condiciones familiares, el mejor modelo posible a inculcar es el que premia la cooperación y la sensibilidad desde una edad temprana. Los padres y cuidadores deben ser modelos de estos modos de conducta, pero los padres exasperados que no tienen sistemas eficaces tienden a volverse descarados e incluso agresivos ellos mismos con sus hijos, creando a menudo linajes intergeneracionales de agresión con sus acciones.

Uno de los aspectos más preocupantes de la naturaleza humana, si no el más, es la agresión sexual. Las violaciones suelen ser cometidas por varones contra mujeres. Las causas son diversas, pero suelen ser una mezcla de promiscuidad sexual (o de acercamiento impersonal al sexo) combinada con una masculinidad hostil y agresiva.

Además de la amígdala, el cerebro medio y el hipotálamo también son fundamentales en la agresión, en todos los mamíferos. El hipotálamo tiene receptores especializados que determinan los niveles de agresión en función de los niveles de serotonina y vasopresina a los que están expuestos. Las áreas del cerebro medio que se ocupan de la agresividad tienen conexiones tanto con el tronco cerebral como con otras estructuras como el córtex prefrontal y la amígdala. La estimulación de la amígdala suele conducir a mayores niveles de agresión en los mamíferos, mientras que las lesiones en esta área (o en el hipocampo) suelen conducir a una reducción de la expresión de la dominación social a partir de la regulación de la agresión y/o el miedo.

El córtex prefrontal es un área crucial para la regulación del autocontrol y la inhibición de los impulsos, específicamente los agresivos. Una reducción de la corteza prefrontal, en particular de sus porciones orbitofrontal y medial, se correlaciona positivamente con niveles más altos de agresión violenta y antisocial. La inhibición de la respuesta también es menor en la mayoría de los delincuentes violentos.

De nuevo, una deficiencia en los niveles de serotonina es una de las causas más comunes de la agresividad y la impulsividad. Los niveles bajos de transmisión de serotonina pueden afectar a otros sistemas neuroquímicos, incluido el sistema de dopamina, que regula la motivación hacia los resultados y los niveles de atención. La norepinefrina también influye en los niveles de agresividad general, actuando en el sistema hormonal, el sistema nervioso simpático y el sistema nervioso central. Los neuropéptidos oxitocina y vasopresina también desempeñan un papel importante en la regulación del reconocimiento social, el apego y la agresión en los mamíferos. La oxitocina desempeña su papel más importante en la regulación de los vínculos de las hembras con sus parejas y crías, así como en el uso de la agresión protectora y de represalia. La vasopresina se utiliza más para la regulación de la agresión en los machos.

Cuando pensamos en la psicología oscura, uno de los términos más comunes que nos vienen a la mente es "depredador". Los depredadores humanos tienen todo tipo de formas y tamaños y trabajan con diversos medios, pero todos ellos tienen algo en común si tienen éxito: la persuasión. Los depredadores de todo tipo saben "rasgar las cuerdas que hay dentro de todos nosotros", como dice el psicólogo social Robert Cialdini. Son personas que buscan la sintonía de todos aquellos con los que se cruzan, o el acatamiento de su propia autoridad, ya sea real o imaginaria.

Lo primero que los depredadores buscan establecer sobre los demás es la autoridad. Tienden a buscar las cosas que más desean los demás y luego las ofrecen bajo la apariencia (normalmente falsa) de figuras de autoridad. Proyectan confianza cuando están cerca de personas en las que creen que pueden influir. Si son bien hablados, suelen tener más éxito en esta práctica, ya que tendemos a cuestionar mucho menos a los que nos parecen más bien hablados. Uno de los adjetivos más adecuados para describir a la mayoría de los depredadores es impotencia. Suelen ser personas que han sentido poco o ningún poder en sus vidas, al estar constantemente sometidos a la voluntad de otros y no sentir nunca esa misma sensación de autoridad ellos mismos, empiezan a buscar a nuestras víctimas que perciben como más débiles que ellos.

Otra forma en la que los depredadores actúan para conseguir sus fines es fomentando el sentido de la reciprocidad en sus víctimas. Suelen atraer a sus víctimas con regalos o favores, para luego atraparlas con obligaciones que deben cumplir para pagar sus deudas. Estos regalos y favores no sólo obligan a las víctimas a pasar más tiempo con sus agresores, sino que también desvían su atención de los verdaderos objetivos de los depredadores. A través de este laberinto de deudas, las víctimas pueden pasar meses e incluso años y décadas de su vida en contacto innecesario con los depredadores.

La similitud entre las personas es una de las causas más comunes de la simpatía. Es más, una vez que hemos decidido que nos gusta otra persona nos volvemos mucho más propensos a hacer cosas, cosas que nos piden. Por eso los depredadores utilizan muchas formas diferentes de aumentar la compenetración con sus víctimas, incluyendo el uso de cumplidos, identidades comunes e intereses comunes para atrapar a sus víctimas. De este modo, los malintencionados pueden dañar a los demás sin ser detectados, sólo siendo percibidos como amigos y aliados por sus involuntarias víctimas. La mayoría de los depredadores sorprenden a la gente común en el sentido de que son capaces de hacerse pasar por personas simpáticas tan bien como las personas más benévolas. Por lo general, saben imitar a las personas "normales" con una facilidad y fluidez que les permite trabajar para conseguir sus fines malévolos sin ser detectados por personas sin experiencia en el área de la depredación. La mayoría están dotados del mismo sentido de la conformidad que todos nosotros, pero esta conformidad no siempre se aplica a sus acciones mientras manipulan su camino por la vida.

Los depredadores siempre buscan lo que quieren las víctimas potenciales. Los que tienen éxito son capaces de distinguir fácilmente qué es lo que aprieta a los demás y qué es lo que más desean. Una vez que han averiguado qué cebo deben utilizar para conseguir lo que quieren, intervienen para proporcionar a la víctima la prueba social que afirma que están en lo cierto y que tienen todo lo que la víctima busca. Son personas que casi pueden oler nuestros deseos e inseguridades, y que están dispuestas a conseguir que los más crédulos hagan su voluntad.

Dado que los depredadores dependen en gran medida del poder de compromiso de sus víctimas, tienden a buscar sólo a las personas que creen que se sentirán más en deuda con ellos. Al principio, una figura depredadora obtendrá pequeños compromisos de sus víctimas, que normalmente sólo conducen a otros más grandes con el paso del tiempo. Cuando los demás se lo permiten, los depredadores tienden a acumular estos compromisos hasta que resulta difícil desvincularse de ellos. Es entonces cuando suele aparecer el lado más oscuro del depredador, y quienes están en contacto con él empiezan a sentirse desilusionados.

Si queremos evitar la depredación de los demás, tenemos que hacer una introspección sobre nuestras propias vulnerabilidades, ya que éstas son exactamente las cosas que las personas malévolas van a buscar en nosotros. También debemos hacer una introspección sobre nuestros propios comportamientos depredadores, ya que ninguno de nosotros es inmune a la malevolencia. Cada uno de nosotros es a la vez depredador y sumiso, por lo que reconciliar estos dos yoes es esencial para entendernos mejor a nosotros mismos y a los demás.

Capítulo dos: Rasgos de "personalidad oscura"

Tendemos a centrarnos demasiado en el lado luminoso de la psicología humana. Tanto si somos seguidores del movimiento de la "psicología positiva" como si no, a menudo nos cuesta ver el valor de la parte más ruin de la psicología humana, el lado oscuro. Sin embargo, esto sucede en nuestro detrimento, ya que son los aspectos más molestos de nuestra naturaleza los que tienden a iluminarnos más que los personajes que la gente se pone. Aquí nos adentraremos en los rasgos más oscuros de la psicología humana, los que contienen un rasgo general más destructivo que cualquier otro: la insensibilidad o la falta de empatía por los demás. Los que tienen estos rasgos son muy diversos, pero todos comparten el potencial de dañar a los demás debido a su incapacidad de empatizar.

El primero de estos rasgos, y quizás el más común, es el narcisismo. Todos mostramos este rasgo negativo en un momento u otro, por lo que suele ser mejor reservarse el juicio cuando los demás parecen narcisistas a primera vista. Los narcisistas suelen ignorar los pensamientos y sentimientos de los demás y se aprovechan de la gente para conseguir lo que quieren. Ser testigos de cómo otras personas reciben atención y admiración les frustra, ya que creen que tienen derecho a estas cosas por encima de los demás. Este rasgo, como cualquier otro, existe en un espectro dentro de las personas, con los más pretenciosos en la cima y los que tienen menos autoeficacia en la base.

Aunque todos experimentamos rasgos narcisistas en diversos grados, en alrededor del 1% de la población estos rasgos pueden adoptar una forma más grave y patológica en la que la persona adquiere una percepción irreal de sus propias capacidades y tiene una necesidad constante de atención y admiración. Esta forma patológica de narcisismo se denomina trastorno narcisista de la personalidad.

El suministro narcisista es una especie de admiración, sustento o apoyo interpersonal extraído por el narcisista de su entorno. Este suministro puede convertirse fácilmente en esencial para el mantenimiento de la autoestima del narcisista si nunca se le oculta. Por esta razón, los narcisistas tienden a buscar a aquellos que los admiren irracionalmente y hay muy poco que detenga a un narcisista una vez que haya encontrado algún tipo de relación en la que haya recursos injustificados asignados interpersonalmente. Esta necesidad de admiración o atención de los codependientes se considera patológica porque no tiene en cuenta los sentimientos, los pensamientos y o las necesidades de las otras personas implicadas. El narcisista sólo tiene en cuenta su oferta y nunca se centra en lo que realmente ocurre con esas otras personas implicadas.

La lesión narcisista es una amenaza percibida para la autoestima del narcisista. Otros términos intercambiables con este son golpe narcisista, cicatriz y herida narcisistas. Lo que todos estos tienen en común, sin embargo, es que se encuentran con la rabia narcisista. La rabia narcisista es una reacción común a cualquier forma de herida narcisista. Esta rabia (como cualquier otro tipo de rabia) existe dentro de un continuo, que va desde una leve lejanía a expresiones más duras de molestia y frustración, y finalmente a intensos estallidos emocionales, que a veces incluyen ataques violentos.

La rabia narcisista puede manifestarse también de muchas otras maneras. Estas incluyen episodios depresivos, delirios paranoicos y catatónicos. También se sostiene que la mayoría de los narcisistas tienen dos tipos principales de rabia. El primero de estos tipos es la rabia constantemente dirigida a una o más personas, mientras que el segundo tipo está constantemente dirigido a sí mismo. La rabia narcisista no es necesariamente problemática en su gravedad, ya que su gravedad existe en un espectro similar al de la rabia "normal", pero se vuelve más problemática cuando se considera que es inherentemente patológica.

Una defensa narcisista es cualquier proceso por el cual se preserva el retrato idealizado del yo del narcisista, mientras se niega cualquiera de sus limitaciones reales. En otras palabras, este tipo de defensa se encuentra cuando el narcisista trata de preservar su propia imagen del yo más que tratar de averiguar la verdad sobre el mismo. Estas defensas tienden a ser muy rígidas, ya que el narcisista se ancla lo más posible a las narrativas más halagadoras del yo imaginables. La mayoría de los narcisistas experimentan, de hecho, sentimientos de culpa o vergüenza (tanto conscientes como inconscientes) con bastante frecuencia, y uno de los métodos más comunes por los que alivian estos sentimientos negativos es el establecimiento de dichas defensas. El narcisismo patológico tiene que encontrar atajos psicológicos para sobrevivir a lo largo de una mayor realización personal, y la defensa narcisista es probablemente el más común de estos atajos.

La definición original de abuso narcisista se refería más al abuso cometido por los padres narcisistas sobre sus hijos. Normalmente, este tipo de abuso consiste en que los hijos de los narcisistas tienen que renunciar a parte de sus propios sentimientos y deseos para proteger la autoestima de sus padres. Los niños que crecen sometidos a este tipo de abuso suelen tener problemas de codependencia más adelante en su vida. Al no saber lo que constituye una relación normal, tienden a ser incapaces de reconocer con quién estarán mejor y a quién deben evitar. Es habitual que establezcan más relaciones con más narcisistas que tienen patologías similares a las de sus padres.

En los últimos años, este término se ha aplicado más ampliamente al abuso en las relaciones entre adultos. Los narcisistas adultos son tan propensos a abusar de otros adultos como de los niños. Estas relaciones abusivas no suelen durar tanto debido a que las víctimas adultas suelen tener mucha más movilidad para salir de las relaciones que las víctimas infantiles.

El siguiente rasgo oscuro es el maquiavelismo. Este término puede aplicarse tanto a la filosofía política de Nicolás Maquiavelo como a un rasgo de personalidad manipuladora. Aquí sólo se aplicará el último uso. Este rasgo se caracteriza comúnmente por un estilo de personalidad engañoso, un enfoque patológico en el beneficio personal y el interés propio, una deficiencia general de empatía y un desprecio flagrante por la moralidad.

Uno de los aspectos más preocupantes de los maquiavélicos es su falta general de emociones. Esto les lleva a menudo a dejarse influir muy poco por los modos "convencionales" de la moral y a manipular y engañar a los demás sin remordimientos para satisfacer sus propias necesidades personales. Los psicólogos miden este rasgo en unidades denominadas machs. Las personas con niveles más altos de machs han demostrado estar más de acuerdo con afirmaciones como "nunca cuentes a los demás tu razonamiento a menos que te beneficie hacerlo", y menos con afirmaciones como "la gente es generalmente buena", "nunca hay excusa para mentir a los demás" o "los más exitosos de entre nosotros llevan vidas morales". Por lo general, los hombres obtienen niveles más altos de machismo que las mujeres.

Los maquiavélicos suelen ser personas bastante frías y egoístas que ven a los demás sobre todo como instrumentos que pueden utilizar para servir a sus propios intereses. Los motivos que tienen en mente en un momento dado, ya sean sexuales, sociales, profesionales, etc., a menudo se persiguen de forma engañosa, sin pensar apenas en el bienestar de las otras partes implicadas. Las personas con niveles más altos de machs tienden a estar más motivadas por el poder, el dinero y la competencia que por cualquier otra cosa, mientras que las personas con niveles más bajos de machs tienden a centrarse más en cosas como el compromiso familiar, el amor propio y la construcción de la comunidad. Las personas con niveles más altos de machs quieren ganar a cualquier precio, por muy elevado que sea. Teniendo en cuenta estos puntos de vista, podríamos argumentar razonablemente que las personas que son más maquiavélicas que otras también tienen más tendencia a la avaricia. Estas personas suelen estar mucho menos motivadas por los sentimientos altruistas y cualquier forma de filantropía, y en cambio, pasan la mayor parte de su tiempo en la competencia sin rumbo y la industria malévola. Por estas razones, los maquiavélicos suelen ser mucho menos dignos de confianza y mucho más interesados que los demás.

Sólo sus extraordinarias habilidades para manipular a los demás dan a los maquiavélicos la reputación de ser un grupo de personas inteligentes. En realidad, no existe una correlación verificable entre los machos y las puntuaciones de coeficiente intelectual, pero, sin embargo, persiste el estereotipo del maquiavélico inteligente que se abre paso a través de vastas redes de acción y que sale con todo en mente. Sin embargo, la inteligencia emocional no es un punto fuerte de la mayoría de los maquiavélicos. Los niveles más altos de maquiavelismo suelen estar correlacionados con puntuaciones más bajas de Inteligencia Emocional. Tanto el reconocimiento emocional como la empatía emocional están correlacionados negativamente con el maquiavelismo. Tampoco se ha demostrado que este rasgo esté correlacionado con una teoría de la mente más avanzada. Esto sugiere que los maquiavélicos no son necesariamente más capaces de entender lo que piensan los demás en situaciones sociales, por lo que las habilidades de manipulación que puedan poseer no están relacionadas con su teoría de la mente.

En algunos círculos psicológicos, el maquiavelismo se considera simplemente una forma subclínica de la psicopatía. Aunque este rasgo de personalidad está estrechamente relacionado con la psicopatía y se solapa con ella en varios ámbitos del pensamiento, la mayoría de los psicólogos sostienen que es, de hecho, un constructo de personalidad totalmente independiente. Los psicópatas suelen ser mucho más impulsivos y tienen menos autocontrol que los maquiavélicos. Sin embargo, ambos rasgos comparten la deshonestidad. Los maquiavélicos también suelen ser mucho menos agradables y concienzudos que la población general, lo que a menudo les lleva a tener poco éxito en sus carreras y relaciones personales. Los maquiavélicos también tienen un alto grado de albedrío y un bajo grado de comunión, lo que significa que buscan individualizarse y tener éxito más que trabajar con otros en esfuerzos comunitarios. Esta no es necesariamente una mala combinación de rasgos en sí misma, pero lo que es preocupante en muchos maquiavelistas es que a menudo desean no sólo tener éxito ellos mismos, sino que buscan activamente hacerlo a expensas de los demás.

Lo que hace que muchos maquiavélicos sean tan eficaces en lo que hacen es su capacidad para pasar desapercibidos. Sin embargo, hay algunas formas fundamentales en las que podemos identificar claramente a estas personas peligrosas antes de que empiecen a causar estragos en nuestras vidas.

Uno de los mayores indicadores de que una persona es verdaderamente machista es su capacidad para funcionar especialmente bien en lugares de trabajo y otras situaciones sociales en las que las reglas son ambiguas. Al no haber límites claros, estas personas van a deambular inevitablemente en todas las direcciones que consideren oportunas, y estarán constantemente pensando en formas de promover sus propios intereses a costa de la compañía que mantienen. Los maquiavélicos prosperan más donde las líneas son borrosas y todos los comportamientos parecen inéditos, porque donde existen estos escenarios vulnerables ven oportunidades para realizar acciones de las que no serán responsables.

Otra bandera roja es el excesivo distanciamiento emocional, a veces unido a una visión cínica de las cosas que permite a la persona esperar pacientemente y sin pasión cualquier oportunidad que se le presente. Con este control de los impulsos, los maquiavélicos son más capaces que otros de planificar con antelación y determinar qué pueden hacer para manipular.

Los maquiavélicos también se caracterizan por el uso de la presión, la culpa, la autodeclaración, el encanto y la cortesía para conseguir sus fines. Estas tácticas les permiten maniobrar socialmente hacia sus objetivos malévolos sin ser detectados. Además de utilizar estas tácticas, también preparan planes de respaldo para salir del paso cuando son descubiertos. Suelen emplear un sinfín de excusas y desvíos cuando son descubiertos, cuya multiplicidad puede resultar abrumadora para quienes intentan desenmascararlos.

La verdadera potencia del maquiavelismo radica en su encubrimiento. Estas personas son capaces de manipular a los demás con tanta eficacia porque, en parte, nadie sospecha que albergan motivos ocultos en las cosas que hacen. Bajo la apariencia de personas normales y benévolas, a menudo son capaces de mezclarse sin problemas en el follaje de la ciudadanía sana.

La psicopatía es quizás el más conocido y perturbador de los rasgos oscuros. La psicopatía, como trastorno de la personalidad, se caracteriza por comportamientos antisociales continuos, una capacidad de empatía deteriorada y ciertos rasgos egoístas, desinhibidos y audaces.

Existen dos tipos principales de psicopatía, caracterizados por sus síntomas. El primer tipo (y menos problemático) se conoce como psicopatía cleckleyana, caracterizada por patrones de comportamiento desinhibidos y audaces. El segundo tipo es la psicopatía criminal, caracterizada por comportamientos más agresivos y desinhibidos, en este caso, delictivos. De estos dos tipos, obviamente se presta más atención a este último debido a que gran parte de los criminales más conocidos del mundo han padecido este tipo de psicopatía.

El primero de los rasgos psicopáticos suele ser el que permite que todos los demás se vuelvan ingobernables: la audacia. Este rasgo está constituido por un bajo nivel de miedo combinado con una alta tolerancia al estrés, una tolerancia general al peligro y a la incertidumbre, y niveles increíblemente altos de asertividad y confianza en sí mismo. Un exceso de este rasgo puede o no estar relacionado con variaciones individuales de la amígdala, el regulador más importante del miedo en el cerebro. Con esta audacia, los psicópatas suelen ser capaces de enfrentarse a personas y situaciones de las que las personas normales preferirían huir. Esto puede ser una ventaja para el psicópata, pero a menudo le mete en más problemas de los necesarios. Con este rasgo, los psicópatas suelen tener dificultades para distinguir las amenazas reales de los sucesos normales, porque sus circuitos neuronales simplemente no les indican que las cosas son de una manera u otra.

La desinhibición es el siguiente rasgo de los psicópatas. Este término se refiere a la falta de control de los impulsos, combinada con problemas de planificación, falta de control de los impulsos, necesidad constante de gratificación instantánea y, en general, escasa contención del comportamiento. Este rasgo en exceso suele corresponderse con deficiencias en las estructuras del lóbulo frontal que influyen en este tipo de sistemas de control del comportamiento. La desinhibición hace que muchos psicópatas actúen de forma impulsiva e incluso errática cuando siguen sus deseos inmediatos. Al vivir siempre para el momento, nunca tienen una visión clara de lo que podría ocurrir a continuación o de lo que deberían hacer para obtener una gratificación duradera. Esto les lleva a menudo a tomar peores decisiones que les perjudican más, porque muchas de las cosas que nos dan gratificación instantánea acaban perjudicándonos mucho a largo plazo.

Otro rasgo común de los psicópatas es el de la mezquindad o la crueldad. Los psicópatas suelen carecer de empatía y tienen poca o ninguna relación íntima con los demás, a veces incluso desprecian la compañía de los demás. Suelen utilizar la crueldad para obtener mayor poder, suelen ser mucho más explotadores que los demás, recalcitrantes con las figuras de autoridad y tienden a buscar la excitación de forma descuidada y peligrosa. Este rasgo es probablemente más destructivo para quienes entran en contacto con los psicópatas que cualquiera de los otros mencionados aquí. Los psicópatas no suelen disfrutar de la compañía de los demás, por lo que cuando están cerca de ellos es más probable que actúen de forma cruel e insensible porque perciben que no tienen nada que perder. Este punto de vista sobre los demás les hace actuar de forma desagradable y a veces peligrosa, ya sea con un propósito para hacerlo en mente o no.

Típicamente, los psicópatas son bastante altos en antagonismo, y muy bajos en conciencia y en ansiedad, no sintiendo casi nada de ansiedad, de hecho. Estas personas también son bajas en socialización y responsabilidad y altas en búsqueda de sensaciones, impulsividad y agresividad. La combinación de estos rasgos tiende a crear personas que no se llevan bien con los demás, que aportan poco producto a la sociedad en general y que siguen sus impulsos libremente y sin ansiedad.

De los otros rasgos oscuros de la personalidad, la psicopatía es probablemente la que más se relaciona con el narcisismo. Una perspectiva psicológica, de hecho, incluso considera este rasgo como una parte más del espectro del narcisismo patológico. Algunos psicólogos afirman que la personalidad narcisista existe en la parte inferior de este espectro, el narcisismo maligno en el medio y la psicopatía en su punto más alto.

Socialmente, los principales síntomas de la psicopatía son la insensibilidad, la manipulación y, en ocasiones, la delincuencia y la violencia. Mentalmente, la alteración de los procesos relacionados con la cognición y el afecto son los mayores indicadores de psicopatía. Estos síntomas suelen aparecer en torno a la adolescencia, aunque a veces se encuentran incluso en niños más pequeños y, en otras ocasiones, no se detectan hasta más tarde en la edad adulta.

Las puntuaciones de psicopatía son sorprendentemente reveladoras en cuanto a los registros de encarcelamiento. Las puntuaciones más altas de este rasgo suelen estar correlacionadas con un episodio repetido de encarcelamiento, con la permanencia en áreas de mayor seguridad de los centros de detención, con más infracciones disciplinarias y con mayores índices de abuso de sustancias.

Aunque la psicopatía no es totalmente sinónimo de violencia, hay muchas correlaciones bien conocidas entre este rasgo y los actos violentos. La psicopatía suele caracterizarse por una agresión "instrumental". Esta forma de agresión es más proactiva y/o depredadora que otras. La emoción tenue y los objetivos no dirigidos, sino facilitados en gran medida por el hecho de causar daño, son otras dos características de esta potente forma de agresión. La agresión instrumental se correlaciona a menudo con los delitos de homicidio debido a la naturaleza depredadora de esta forma de agresión.

La psicopatía también está relacionada con la violencia doméstica, ya que entre el 15 y el 30% de los agresores muestran tendencias psicopáticas. Es principalmente la insensibilidad, combinada con el desprecio de las conexiones interpersonales, lo que hace que muchos psicópatas cometan delitos de violencia doméstica. A pesar de todas estas conexiones que tiene la psicopatía con varios tipos de comportamiento criminal violento, las tendencias psicopáticas todavía no se tienen en cuenta de forma generalizada en la evaluación del riesgo.

Los delitos sexuales son otro tipo de actividad delictiva espantosa que suele asociarse con la psicopatía debido a la proclividad psicopática hacia el comportamiento sexual violento. La relación entre la psicopatía y el abuso sexual de menores se muestra en el número de delitos del autor, que tiende a aumentar en los individuos más psicopáticos. La tendencia a la violencia sádica y la falta de remordimientos suelen hacer que los psicópatas cometan delitos sexuales que las personas normales sencillamente nunca imaginarían. A pesar de esta desconcertante propensión a reincidir, los psicópatas tienen una media de 2,5 veces más probabilidades de obtener la libertad condicional que sus homólogos no psicópatas cuando son encarcelados por sus delitos.

La psicopatía también está correlacionada con el crimen organizado, los crímenes de guerra y los delitos económicos. Es la violencia antisocial, la visión del mundo que excluye el bienestar de los demás, la incesante externalización de la culpa, la falta de remordimientos y la impulsividad lo que tiende a conducir a los psicópatas hacia conductas delictivas de todo tipo en mayor proporción que a los no psicópatas. Aunque el terrorismo se asocia popularmente con la psicopatía, en realidad es menos probable que los psicópatas se involucren en actividades terroristas debido a la planificación, la organización y el frecuente trabajo en común que conlleva la realización de ataques terroristas. El terrorismo atrae menos a los psicópatas debido también a sus propias intuiciones egoístas.

En la infancia y la adolescencia, los precursores más comunes de la psicopatía son la falta de emoción o insensibilidad, la impulsividad o responsabilidad y el narcisismo. El rasgo y/o el trastorno de la personalidad pueden ser tan difíciles de discernir o diagnosticar en estas primeras etapas porque sus síntomas se encuentran en muchos niños y adolescentes no psicópatas. Estos rasgos, tanto si se encuentran en psicópatas como en individuos normales, suelen ser indicativos de un comportamiento violento o delictivo posterior. En los jóvenes, la psicopatía suele estar correlacionada con mayores índices de emociones negativas como la depresión, la ansiedad, la hostilidad y la ira. Aunque podemos tener ciertos indicadores de psicopatía en personas más jóvenes, estos indicadores no suelen manifestarse en psicopatía real más adelante en la vida y son típicamente cuestiones individuales.

El trastorno de conducta en los jóvenes se considera una vía para el posterior trastorno antisocial de la personalidad y la psicopatía. Este trastorno suele ser el resultado de una mezcla tóxica de problemas neurológicos preexistentes y una exposición prolongada a factores ambientales adversos. Las personas que padecen este trastorno no sólo muestran comportamientos antisociales prolongados a lo largo de la vida, sino que también se ha demostrado que tienen una peor salud general y suelen tener un estatus socioeconómico mucho más bajo. El inicio en la infancia comienza antes de los 10 años y suele dar lugar a un comportamiento antisocial más prolongado, mientras que el inicio en la adolescencia comienza después de los 10 años y suele dar lugar a un comportamiento antisocial limitado a corto plazo.

Es cuando el trastorno de conducta se mezcla con el TDAH cuando los comportamientos antisociales asociados a él se vuelven más problemáticos. Los jóvenes con esta combinación de trastornos tienden a mostrar la misma insensibilidad, agresividad e inhibición de la conducta que muestran los psicópatas de todas las edades. El estilo interpersonal despiadado e impasible de quienes padecen un trastorno de la conducta es uno de los paralelismos más notables de la psicología con la psicopatía.

En cuanto a la mentalidad, las disfunciones en la amígdala y el córtex prefrontal son las causas neurológicas más comunes de la psicopatía. Estas disfunciones son a menudo innatas, aunque en otras ocasiones son causadas por tumores, legañas y lesiones cerebrales traumáticas sufridas por estas regiones. Aunque los pacientes con estos problemas en estas regiones pueden parecerse en pensamiento y acción a los psicópatas, están divorciados de este último grupo. Ya sean psicópatas o no, las personas con daños en estas regiones del cerebro suelen tener muchas más dificultades para aprender el razonamiento social y moral que la mayoría de las personas. El aprendizaje reforzado por el estímulo también está deteriorado en los individuos con daños en estas regiones, lo que significa que, tanto si se les recompensa como si se les castiga, estas personas tienen dificultades para aprender en función de los efectos que se derivan de lo que están haciendo.

A pesar de estos defectos de aprendizaje, no existe un vínculo indiscutible entre la psicopatía y el coeficiente intelectual. En lo que respecta a la inteligencia, los psicópatas como grupo son realmente un reflejo bastante exacto de la población general, siendo algunos increíblemente brillantes y otros muy aburridos por contraste, mientras que la mayoría está en la media.

La psicopatía también está relacionada con respuestas inusuales a las señales de angustia. Las respuestas vocales y físicas al miedo y la tristeza suelen ser pasadas por alto o malinterpretadas por los psicópatas, normalmente debido a una disminución de la actividad en las regiones fusicore y extrastriada del cerebro. Esta inactividad hace que no se reconozcan todas las emociones en los rostros de otras personas, pero es la incapacidad de discernir el miedo y la tristeza lo que suele perjudicar más a los psicópatas.

La amoralidad es uno de los subproductos más problemáticos de la psicopatía. En este caso, este término se refiere a un desprecio, una indiferencia o simplemente una ausencia de sentimientos y prácticas morales. Hay dos áreas principales de preocupación dentro de la mayoría de los razonamientos morales: las transgresiones personales y el cumplimiento (o incumplimiento) de las normas convencionales. Sócrates señaló estas áreas como el cumplimiento de las leyes naturales y convencionales, respectivamente. Cuando se les pide que determinen qué tipo de estas leyes deben seguirse más de cerca, los psicópatas suelen afirmar que son las leyes convencionales, mientras que los no psicópatas suelen creer que las leyes naturales o personales deben cumplirse en primer lugar. Esta tendencia podría sugerir que los psicópatas no tienen leyes morales sólidas establecidas para sí mismos y se inclinan más por seguir sólo las de los sistemas en los que se encuentran.

Aunque no existe una preferencia notable entre los psicópatas para infligir daño personal o interpersonal, estas personas suelen ser mucho menos reacias a infligir daño interpersonal que los no psicópatas. Los psicópatas con los niveles más bajos de ansiedad suelen ser mucho más propensos a infligir daño personal.

Existen vínculos o causas genéticas moderadas de la psicopatía, pero no son tan importantes como las ambientales. Las causas ambientales más comunes de la psicopatía se derivan de las experiencias tempranas en la infancia y la adolescencia, que incluyen, entre otras cosas, el hecho de proceder de una familia desestructurada con una madre joven o deprimida, la escasa implicación del padre, la existencia de padres convictos, la negligencia física, los bajos ingresos o la situación social de la familia, la vivienda y/o la supervisión deficientes, el tamaño de la familia, la disciplina severa y los hermanos delincuentes.

Los traumatismos craneales también están muy relacionados con la violencia y la psicopatía. Las lesiones en las cortezas prefrontal y orbitofrontal son las que más perjudican a los afectados, siendo los trastornos del razonamiento social y moral los efectos más desconcertantes de estas lesiones. Los daños en la corteza ventromedial también son preocupantes, ya que suelen provocar una reducción de las respuestas autonómicas, incapacidad para realizar maniobras evasivas, deterioro de la toma de decisiones económicas y disminución de las expresiones de culpa, vergüenza y empatía.

La psicopatía es probablemente el más famoso de los rasgos oscuros debido a la destructividad de quienes la padecen. Muchos de los criminales más conocidos del mundo han sido o son psicópatas, pero esto no implica que todos los psicópatas sean criminales. Algunos de ellos, de hecho, llegan a llevar vidas normales y productivas en las que contribuyen en gran medida a la sociedad en su conjunto.

Ahora llegamos al sadismo. El sadomasoquismo (o SM, como lo llamaremos aquí) es el recibir o dar placer derivado de infligir dolor y/o humillación. A menudo, los sádicos reciben gratificación sexual de la imposición de este dolor, tanto si son ellos los que lo dan como los que lo reciben. Estas prácticas, sorprendentemente, suelen ser consentidas, por lo que se diferencian de los delitos sexuales no consentidos.

El origen del término sadismo se encuentra en el Marqués de Sade (1740-1814), que practicaba rituales sexuales sádicos y escribía sobre ellos. El término masoquismo procede de Leopold Von Sacher-Masoch, que escribió novelas sobre sus propias prácticas sexuales masoquistas.

Algunos psicólogos consideran que el dolor y la violencia son el centro de la práctica sadomasoquista, mientras que otros miran más hacia la dominación y la sumisión. En realidad, la mayoría de los sadomasoquistas están interesados en ambas cosas. Sigmund Freud consideraba que la primera "forma" de sadomasoquismo se centraba en la noción de cornudez (o la elección de rivales como pareja), y que la segunda forma no se preocupaba en absoluto por las relaciones y se interesaba en cambio por el espectáculo de las prácticas sexuales.

Cada sadomasoquista encuentra las prácticas asociadas al trastorno atractivas por sus propias razones. A menudo, los SM que prefieren adoptar roles más sumisos dentro de sus prácticas lo hacen por una necesidad de escapar de la culpa, la responsabilidad y el estrés de la vida. Estar en presencia de figuras fuertes y dominantes les infunde una sensación de seguridad y protección. Los sádicos, por otro lado, pueden disfrutar asumiendo roles más dominantes por el deseo de sentirse más empoderados. Ya sean sádicos o masoquistas, los SM simplemente intentan satisfacer las necesidades emocionales que tienen, que a menudo provienen de experiencias y relaciones de la infancia. Aunque estas necesidades se satisfacen de formas que algunos considerarían inusuales o inapropiadas, siempre que estas prácticas sean consensuadas, por lo general seremos prudentes y evitaremos juzgarlas.

Por último, la sociopatía (o trastorno antisocial de la personalidad) es un trastorno de la personalidad que se caracteriza por la falta de remordimientos o de culpabilidad en relación con las infracciones cometidas contra otros. Este trastorno es tan similar a la psicopatía que en el pasado muchos psicólogos lo consideraban un subtrastorno dentro de una clase más amplia de trastornos psicopáticos, pero hoy en día la mayoría sostiene que la sociopatía es un trastorno independiente en su totalidad. Las mismas tácticas de manipulación, la impulsividad, la falta de culpa y el exceso de agresividad que se encuentran en los psicópatas y maquiavélicos son compartidas por los sociópatas.

Aunque algunos sociópatas son muy funcionales y aportan grandes cosas a la sociedad, la mayoría tienen dificultades para seguir siendo responsables a lo largo de la vida debido a su impulsividad y suelen tener una vida más corta que la media como resultado de prácticas imprudentes como el abuso de sustancias y la actividad delictiva.

Si bien hay un notable componente genético en el desarrollo del trastorno antisocial de la personalidad, sigue habiendo también ciertos factores ambientales que pueden exponer a los jóvenes a un mayor riesgo de desarrollar este trastorno. Estos incluyen, entre otros, el hecho de que nunca se les haya enseñado a respetar los derechos de los demás, la falta de disciplina, la presencia de modelos negativos y el alcoholismo, así como otras formas de abuso de sustancias, tanto en los padres como en los hijos.

El trastorno de la conducta y el TDAH antes de los 10 años es otro indicador del desarrollo posterior del trastorno antisocial de la personalidad. Algunos estudios han indicado incluso que el 25% de las niñas y el 40% de los niños que desarrollan un trastorno de la conducta a lo largo del desarrollo pasan a desarrollar un trastorno antisocial de la personalidad más adelante, en la edad adulta.

Los síntomas más comunes de la sociopatía son los siguientes: la comisión repetida de actos ilícitos, la mentira o la manipulación para conseguir resultados, la impulsividad, las peleas o agresiones repetidas, el desprecio por la seguridad de uno mismo y de los demás, la falta de empatía y de remordimientos, y la irresponsabilidad personal y financiera. Para que se diagnostique formalmente una sociopatía, una persona debe presentar al menos tres de los síntomas enumerados anteriormente. Otros criterios que deben cumplirse para diagnosticar un trastorno antisocial de la personalidad son que la persona tenga al menos 18 años y que se le haya diagnosticado un trastorno de la conducta de inicio anterior o a los 15 años. Normalmente, antes de que una persona sea diagnosticada oficialmente con este trastorno, se produce algún episodio antisocial y una intervención posterior, ya que la mayoría no sospecha ni admite tener sociopatía. Sin embargo, estos episodios no son necesarios para un diagnóstico formal de este molesto trastorno.

Estos síntomas suelen alcanzar su punto álgido cuando la persona que los padece tiene veintitantos años. Sin embargo, al llegar a los 40, algunos descubren que estos síntomas se reducen y desaparecen por sí solos.

La terapia de conversación es la forma más común y eficaz de terapia para este trastorno y suele ser la misma para todos los demás rasgos oscuros de la personalidad. Esta forma de terapia es útil para estas personas porque, en parte, ofrece una manera de que el individuo desarrolle sus habilidades interpersonales. Sin embargo, el primer objetivo de estas terapias es siempre la reducción de los comportamientos impulsivos que pueden llevar a la comisión de daños criminales.

Sorprendentemente, hay muy pocos medicamentos que ayuden a mitigar los síntomas del trastorno antisocial de la personalidad. Además de la terapia de conversación, los clínicos también administran terapias de esquemas a muchos pacientes, cuyo objetivo es editar y organizar mejor los patrones de pensamiento desadaptativos que a menudo provienen de la infancia. Quien esto escribe sostiene que esta forma de terapia debería utilizarse más ampliamente entre todas las personas que padecen rasgos oscuros de personalidad, independientemente de cuáles sean esos rasgos, aunque esto no es más que una opinión.

Capítulo tres: Estudios de psicología oscura

No hay mejor afirmación de los oscuros sucesos psicológicos que los propios estudios realizados sobre el tema. A continuación, repasaremos algunos de los ejemplos más famosos de tales estudios, desgranando tanto las razones por las que se produjeron como su trascendencia a posteriori.

Los experimentos de Asch de la década de 1950 se llevaron a cabo para comprobar hasta qué punto las opiniones de un individuo pueden verse influidas por las de la mayoría del grupo en el que se encuentra. Solomon Asch, el líder de estos experimentos, los inició haciendo participar a jóvenes estudiantes universitarios en tareas de percepción. Dividió a los participantes en grupos, en los que todos los miembros de cada grupo, excepto uno, eran "confederados" o actores. El objetivo de estos experimentos era analizar cómo reaccionaría el único participante "genuino" a los pensamientos y acciones de todos los actores.

Con todos los demás participantes con respuestas preestablecidas a todas las preguntas formuladas, las respuestas del único participante real se convirtieron en las únicas variables independientes reales del estudio. Con diversos grados de presión de los compañeros aplicados al único participante real, los efectos de esta presión se vieron y estudiaron en sus diversos grados de severidad.

A cada participante se le hacía simplemente una serie de preguntas, como qué línea era la más corta o la más larga dentro de una serie. Al principio, todos los "confederados" dieron respuestas correctas a todas las preguntas formuladas para evitar que el único participante genuino sospechara. Sólo más tarde se empezaron a añadir algunas respuestas incorrectas.

Entre los grupos normales había un grupo de control cuando se realizaban estos experimentos, en el que no se aplicaba ninguna presión de grupo a los participantes. Dentro de este grupo de control, sólo una de cada 35 respuestas fue incorrecta, una estadística probablemente atribuible a un mero error experimental. En cambio, en los grupos normales, un tercio de los participantes auténticos dio una respuesta incorrecta cuando otros dentro del grupo también lo habían hecho. Esto implica que las personas son mucho más propensas a emitir juicios incorrectos cuando la mayoría de los que les rodean hacen lo mismo.

Al menos ¾ de los participantes dieron al menos una respuesta incorrecta a las preguntas que se les hicieron. Dentro de este experimento, las personas ocultaron sus propias opiniones, ya sea porque desconfiaban realmente de sus propias intuiciones o porque simplemente querían cumplir más con su empresa.

Aunque todos tendemos a enorgullecernos de ser individuos con mentalidad independiente y totalmente autónomos, estudios como éste indican que a veces nos comportamos como todo lo contrario. Esta cuestión del conformismo frente a la individualidad es una vieja lucha sobre la que algunas de las mentes más brillantes de la historia han reflexionado incansablemente. Por lo general, hay que mantener la moderación a la hora de determinar la relación entre nuestras propias opiniones y las del grupo o grupos en los que nos encontramos. Confiar por completo y sin cuestionar nuestras propias intuiciones sería arrogante, y podría sumirnos en la ignorancia de la realidad que nosotros mismos creamos, y que podría haberse evitado fácilmente con la receptividad a las opiniones de los demás. También debemos tener en cuenta que otras personas son tan susceptibles de equivocarse como nosotros, y que la fuerza no siempre hace el bien. Al seguir ciegamente a la manada, nos estamos sometiendo a lo que esa manada tenga pensado para nosotros. Que haya más gente que crea en algo no hace que ese algo sea más o menos cierto. Las banderas son estupendas porque nos hacen sentir que formamos parte de algo, pero son potencialmente destructivas cuando depositamos demasiada fe en ellas.

No es un ejemplo de oscuridad personal desviarse de los caminos trillados de nuestra empresa. Aunque los grupos más grandes pueden proporcionar orden a sus integrantes, este orden puede convertirse fácilmente en tiranía si no se controla. Cuando no hay nadie para verificar la validez de cualquiera de las opiniones del grupo, todo el sistema tiende a derrumbarse sobre sí mismo, dejando a los más dogmáticos en el fondo de los escombros. La historia nos ofrece innumerables ejemplos de personas que hacen cosas horribles por sumisión a su(s) tribu(s). Los experimentos de Asch no son más que un reflejo microcósmico de esta tendencia destructiva.

La Biblia cuenta la historia del buen samaritano, que se detiene a ayudar a un hombre necesitado mientras que otras personas, que se creen justas, simplemente pasan de largo. John Darley y C. Daniel Batson, inspirados por esta famosa historia, querían comprobar si existía alguna correlación entre la religiosidad y la capacidad de ayuda, por lo que realizaron el experimento del buen samaritano.

Los investigadores se plantearon tres hipótesis principales a la hora de llevar a cabo este experimento: que las personas con pensamientos religiosos de ayuda no estarían, en última instancia, más inclinadas a ayudar a los demás que cualquier otra persona, que las personas que tuvieran prisa serían menos propensas a ayudar a los demás, y que las personas que son religiosas simplemente para obtener beneficios serán mucho menos propensas a ayudar a los demás que las personas que son religiosas por el deseo de encontrar un sentido a la vida. Las personas de estilo samaritano serán más propensas a ayudar que las personas de estilo levita.

Después de reclutar a estudiantes de seminario para este experimento, la investigación realizó un cuestionario sobre religión a los participantes para luego comprobar la veracidad de la tercera hipótesis. A continuación, iniciaron el experimento en un edificio, pero pidieron a los participantes que se dirigieran a otro edificio para terminar el experimento. En el camino, los participantes encontraron a un hombre desplomado en un callejón y no sabían qué le pasaba ni por qué estaba allí.

Antes de que los participantes se marcharan, se comunicaron a los distintos grupos diferentes informaciones sobre la urgencia y lo que tendrían que hacer en los otros edificios. Una de las tareas estaba relacionada con los trabajos del seminario y la otra con la narración de la historia del buen samaritano. A uno de estos grupos se le dijo que era tarde y que debía dirigirse al otro edificio de inmediato, mientras que al otro grupo se le dijo que tenía unos minutos.

El hombre que se encontraba en el callejón tenía que gemir y toser dos veces mientras los participantes pasaban por allí. Los investigadores establecieron de antemano una escala de ayuda que se organizó de la siguiente manera 0= no se dieron cuenta de la víctima y de su necesidad, 1= se dieron cuenta de la necesidad pero no ofrecieron ayuda, 2= no se detuvieron pero sí decidieron ayudar indirectamente (avisando a su ayudante al llegar), 3= se detuvieron y preguntaron a la víctima si necesitaba ayuda, 4= se detuvieron y ayudaron a la víctima, dejándola de lado después, 5= se negaron a dejar a la víctima después de haberse detenido y ofrecido ayuda, o insistieron en llevarla a otro lugar.

Después de que los sujetos llegaran al segundo lugar, se les hizo responder a un segundo cuestionario, éste relativo a la ayuda. La sensación de urgencia influyó en la ayuda al hombre del callejón. En total, alrededor del 40% de los participantes optaron por ayudar a la víctima. Los que no tenían mucha prisa ayudaron el 63% de las veces, los que tenían algo de prisa ayudaron el 40% de las veces y los que tenían mucha prisa ayudaron sólo el 10% de las veces. En este caso, los samaritanos ayudaron el 53% de las veces, mientras que los levitas sólo ayudaron el 29%, confirmando así la tercera hipótesis. En definitiva, este estudio no pudo encontrar ninguna correlación entre la religiosidad y el comportamiento de ayuda. Los que estaban más interesados en la ayuda como un bien en sí mismo tendían a ser mucho más serviciales que los que veían la religión como un medio para conseguir las cosas que querían.

Incluso cuando va a dar un discurso sobre el buen samaritano, es mucho menos probable que una persona con prisa ayude a los demás a su alrededor. Esto demuestra que pensar en la ética no hace que actuemos necesariamente de forma más ética. También hay que tener en cuenta la relación entre la urgencia y la ayuda, ya que esto podría indicar que, a medida que nuestras vidas se vuelven más y más rápidas con cada año que pasa, estamos destinados a ser menos éticos, aunque esto es sólo una opinión que se podría tener sobre este fenómeno. Hay otra posible explicación a la falta de ayuda: el conflicto entre las necesidades del experimentador y las de la víctima podría haber afectado a la toma de decisiones de los participantes más que cualquier insensibilidad por su parte.

Este experimento sigue siendo controvertido en cuanto a que se enfrenta a la religión, pero sólo los irracionales negarían que la religión es mejor utilizada por quienes simplemente buscan un sentido a la vida que por quienes se mueven meramente por la avaricia. Sencillamente, no hay lugar para la moral cuando la gente está deseosa de más cosas. Cuando nos sentimos abrumados por los múltiples deseos que tenemos, siempre abrimos la caja de pandora para satisfacerlos, dejando que todas las cosas más malvadas que podamos imaginar vaguen por la tierra simplemente por codicia. La caridad es realmente un bien en sí misma. Desde un punto de vista utilitario, casi siempre es mejor ser más caritativo porque la felicidad derivada de hacerlo no sólo se siente en nuestros beneficiarios sino también en nosotros mismos.

Este estudio también nos muestra que para promover el bien y evitar el mal vamos a tener que sacar tiempo de nuestros días para hacerlo. La prisa en nuestras acciones nos hace mucho menos propensos a ayudar a los demás. Cuando estamos constantemente ocupados con nuestras propias actividades a veces no reconocemos las necesidades de los demás, pero detenernos a hacerlo de vez en cuando nos beneficiará mucho a largo plazo.

El experimento de apatía del espectador de 1968, realizado por John Darley y Bibb Latane, pretendía explorar uno de los fenómenos más interesantes, y quizá decepcionantes, del campo de la psicología social. En este tipo de experimento, se escenifica una emergencia con un participante entre varios confederados. Los investigadores estudian entonces el tiempo que tarda el participante en actuar, si es que decide hacerlo. Sorprendentemente, este estudio demostró que es mucho menos probable que ayudemos a los demás cuando estamos en compañía de una multitud. Alrededor del 70% de los participantes ayudaron cuando no había otras personas, mientras que sólo el 40% optó por hacerlo en compañía de grupos.

Esta reticencia a ayudar a los demás cuando hay multitudes puede derivar de la mera conciencia de sí mismo, o también podría deberse a la percepción de que ser el primero en ayudar es asumir algo así como un papel de liderazgo, un papel que la mayoría de la gente es reacia a asumir por sí misma. Sea cual sea el motivo, esta tendencia a desatender a los necesitados es problemática por razones obvias. Sea cual sea el problema, es más probable que lo evitemos cuando nos encontramos en grupos más grandes, como parece sugerir este experimento.

El experimento de la prisión de Stanford, quizá el más conocido de todos los que se mencionan aquí, fue realizado en 1971 por Philip Zimbardo con el objetivo de estudiar los efectos psicológicos que conlleva convertirse en un preso o en un guardia de la prisión. En este caso se tomaron 24 sujetos masculinos y se seleccionaron al azar para ser guardias o prisioneros dentro de una prisión simulada en el sótano del edificio de psicología de Stanford.

Al parecer, Zimbardo quedó impresionado por la rapidez con la que los sujetos se adaptaron a sus funciones, ya que los guardias no tardaron en asumir papeles cada vez más autoritarios y, finalmente, incluso recurrieron a la tortura psicológica de los presos. Los presos no sólo aceptaron el abuso psicológico de forma pasiva, sino que incluso llegaron a acosar a otros presos a petición de los guardias. No fue hasta que el propio Zimbardo empezó a consentir el maltrato que dos presos abandonaron el experimento antes de tiempo y todo se detuvo después de sólo seis días.

La impresionabilidad y la obediencia tienden a aumentar en gran medida cuando las personas tienen acceso a una ideología que les hace sentirse legitimadas y a un apoyo institucional y social, como sugiere este estudio. Este estudio también demuestra los efectos de la disonancia cognitiva y el poder de la autoridad. Cuando estamos bajo el control de un sistema que percibimos como una base de poder fuerte y centralizada, tendemos a estar muy dispuestos a seguir los deseos de ese sistema, sean cuales sean. También nos sentimos muy impresionados por ese sistema. Cuando surgen conflictos de intereses entre nosotros y la voluntad del sistema, se produce una disonancia cognitiva que se resuelve con más obediencia en la mayoría de las personas. Este estudio también demuestra nuestra tendencia a dejar que las figuras de autoridad se salgan con la suya.

Este estudio se considera más bien como conductas situacionales que disposicionales, lo que significa que las conductas observadas aquí son más un resultado de la situación en cuestión que de las personalidades de los participantes. Si los guardias tenían una disposición a cometer abusos, o si los presos tenían una disposición a la pasividad, no es una cuestión de interés aquí. Lo único que se estudia aquí es el comportamiento situacional de los implicados.

Este estudio nos dice mucho sobre la vida en la cárcel. Sin embargo, reflexionar sobre lo que habría ocurrido si no se hubiera detenido a los guardias plantea algunas otras cuestiones. No está claro qué habría comprobado el poder de Zimbardo en este estudio. Tenía el poder de hacer esencialmente cualquier cosa a los sujetos, por lo que este estudio también puede analizarse como una investigación sobre la cuestión del poder sin control.

Los experimentos de Milgram de 1961, llevados a cabo por Stanley Milgram, es uno de los estudios más perspicaces sobre la autoridad en el campo de la psicología social. En él, el objetivo era registrar la disposición de los participantes a realizar tareas que iban en contra de su propia conciencia personal cuando estas tareas habían sido asignadas por una figura de autoridad.

Milgram realizó estos experimentos teniendo en cuenta los juicios a los criminales de guerra nazis, y se planteó una pregunta central: ¿tenían todos estos criminales de guerra un sentido compartido de la moral? Estos estudios, en general, confirmaron que las personas suelen realizar acciones que van en contra de sus creencias morales más firmes cuando son obligadas por las figuras de autoridad. Aunque estos estudios demostraron ser científicamente válidos y útiles, muchos consideraron y siguen considerando que no eran éticos, ya que suponían un abuso tanto físico como psicológico que asustaba a los participantes de por vida.

Milgram reclutó a 40 hombres para participar en estos experimentos. Se utilizó un generador de descargas, cuyas descargas empezaban a 30 voltios y aumentaban en incrementos de 15 voltios hasta llegar finalmente a 450, muchas de ellas con etiquetas como "descarga leve", "descarga moderada" y "peligro: descarga grave". Los dos últimos conmutados de este generador llevaban simplemente la etiqueta "xxx".

Los participantes de este experimento asumían el papel de "profesor", que administraba choques cuando los confederados daban respuestas incorrectas que se les daban. Aunque estos choques no se administraban realmente, los profesores creían que lo hacían y los confederados actuaban como si hubieran recibido choques cuando se los administraban.

Como el voltaje aumentaba continuamente a medida que avanzaba el experimento, el estudiante pedía que lo soltaran y algunos incluso se quejaban de afecciones cardíacas. Una vez superado el umbral de los 300 voltios, el alumno empezaba a golpear las paredes de la sala y a partir de entonces se negaba a responder a más preguntas. Este silencio, según las instrucciones de los profesores, debía tomarse como una respuesta incorrecta, por lo que se administraban más descargas cuando no se respondía a las preguntas.

La mayoría de los alumnos preguntaron a los profesores si debían o no continuar, a lo que se les dieron las respuestas habituales: "por favor, continúe", "el experimento requiere que continúe", "es absolutamente esencial que continúe" y "no tiene otra opción, debe continuar".

El nivel de choque que cada participante estaba dispuesto a administrar era el indicador de su obediencia. Inicialmente se preveía que sólo unos 3 de cada 100 participantes aceptarían administrar las descargas máximas. En realidad, un asombroso 65% de ellos se prestó a administrar estas descargas, y cada participante implicado administró las descargas de 300 voltios. Esto demuestra que las personas son aún más obedientes de lo que la mayoría espera y que podemos vernos fácilmente obligados a realizar acciones que consideramos objetables cuando estamos bajo la influencia de figuras de autoridad.

El experimento de Milgram nos muestra que, en muchos casos, estamos dispuestos a llegar a matar a otros si nos lo ordena una figura de autoridad que consideramos que tiene autoridad moral y/o legal. Esta obediencia se aprende desde muy temprano en nuestra vida y se adapta y refuerza de muchas maneras diferentes a lo largo de nuestras vidas. Todos sabemos que tendemos naturalmente a seguir los deseos de quienes tienen más poder que nosotros, pero los experimentos de Milgram nos enseñan hasta qué punto esta tendencia se traslada a nuestras acciones.

Según Milgram, entramos en uno de los dos estados de comportamiento dentro de las situaciones sociales: el estado autónomo (en el que las personas dirigen sus propias acciones) y el estado agéntico (en el que las personas dejan que otros dirijan sus acciones). Milgram afirma que es necesario que se cumplan los siguientes criterios para que entremos en el estado agéntico de comportamiento: que la persona que da las órdenes se perciba como cualificada, y que el que da las órdenes confíe en que el ordenado se responsabilice de cualquier cosa que vaya mal.

La teoría de la agencia sugiere que sólo cuando nos sentimos responsables de nuestros propios actos empezamos a actuar realmente con autonomía. Aunque poner la responsabilidad en manos de otros puede ser un alivio, tenemos que ser responsables de lo que hacemos si queremos seguir siendo actores autónomos.

Los estudios aquí mencionados, entre muchos otros, muestran el lado más oscuro de la psique humana. Aunque puede ser difícil aceptar que somos defectuosos en las formas en que estos estudios demuestran que lo somos, hacerlo siempre nos conducirá a una vida mejor y más honesta, plenamente conscientes tanto de nuestros inatacables éxitos como de nuestros catastróficos fracasos.

Capítulo cuatro: La lectura de la mente

La lectura de la mente es principalmente un juego de tres factores: la información sensorial, las señales corporales en persona y las señales sociales. Si no se presta atención a estos tres aspectos de la comunicación, cualquier intento de profundizar en los pensamientos y sentimientos de los demás resulta infructuoso. Hoy en día solemos comunicarnos más a través de mensajes de texto, mensajes instantáneos, correos electrónicos y llamadas telefónicas que a través de conversaciones interpersonales reales. Esto implica que tendemos a perder el aprendizaje de los puntos más finos de las comunicaciones reales, y por lo tanto somos mucho menos capaces de saber lo que otros están pensando. El tiempo que pasamos frente a una pantalla parece ser lo más destructivo para nosotros a la hora de saber lo que piensan los demás.

Para bien o para mal, normalmente podemos saber lo que piensan los demás con o sin la ayuda de lo que realmente dicen. Las palabras son a menudo sólo la punta del iceberg cuando se trata de lo que realmente está pasando dentro de la mente de otras personas. Cuando la mayoría escucha el término "lectura de la mente" tienden a pensar en psíquicos, brujas y otras personas de este tipo, pero cualquier persona puede dar grandes pasos para comprender mejor los pensamientos de los demás. Con un poco de orientación y mucha práctica, cualquier persona puede llegar a ser tan competente en el arte de decir lo que otros están pensando como las figuras más místicas entre nosotros.

Gran parte de la conexión humana interpersonal depende de nuestra capacidad para adivinar y responder adecuadamente a los pensamientos y acciones de los demás, por lo que a menudo tenemos dificultades para conciliar lo que realmente dicen los demás con las impresiones que recibimos de ellos. Para entender los pensamientos de los demás, primero debemos profundizar en los nuestros. Es demasiado fácil que un intento de comprender lo que piensa otra persona se convierta rápidamente en un juicio. Sacamos conclusiones precipitadas sobre las personas que conocemos y a menudo nos equivocamos.

Uno de los mayores obstáculos a los que nos enfrentamos cuando intentamos leer la mente es la falta de honestidad o de expresión en las palabras o en las señales no verbales de nuestros interlocutores. Cuando nos encontramos con personas con buena cara de póker o con personas deshonestas, nuestro lenguaje de calibración de tendencias y las señales no verbales nos sirven de poco. Sin embargo, hay muchas maneras de escarbar por debajo de los aspectos superficiales de la comunicación y echar un vistazo a lo que realmente ocurre en la mente de nuestro interlocutor.

Para leer la mente, primero debemos confiar en nuestra propia intuición. Sin embargo, esto implica desarrollar una intuición más confiable, lo cual es una tarea que siempre se está haciendo y nunca se está haciendo. Aquí debemos evitar parte del pensamiento mágico que a menudo conlleva el hábito de la lectura de la mente y utilizar únicamente nuestra razón. La disposición a mirar en los lugares que menos queremos y a desafiar nuestras propias creencias también es crucial aquí porque si entramos a tratar de leer la mente de otros ya anclados en nuestras propias creencias nuestros hallazgos siempre serán menos fructíferos. Por ejemplo, si estoy convencido de la pretenciosidad de una persona nada más conocerla y nunca se me ocurre cuestionar esta convicción, nunca obtendré una mayor comprensión de su carácter porque ya la he categorizado. No necesitamos tener poderes esotéricos para leer la mente, sólo necesitamos ser abiertos y razonables cuando nos comunicamos con los demás.

La atención plena es una de las mejores habilidades que podemos practicar para leer la mente con mayor eficacia. Esta práctica nos permite despejar nuestra mente de distracciones y preocupaciones innecesarias, lo que nos permite prestar más atención a nuestros interlocutores. Cuando tenemos la cabeza totalmente rallada en nuestras propias preocupaciones y problemas internos, nunca podemos profundizar en lo que les pasa a los demás. Cualquier habilidad que podamos tener para comprender los pensamientos de los demás se queda en el camino mientras intentamos recoger nuestros propios pedazos con la psique desordenada y llena de ansiedad. Aquí queda claro que si queremos determinar lo que ocurre en la vida interior de otras personas, primero tendremos que mirar la nuestra. Hacerlo nos dará la claridad y la energía necesarias para leer la mente de los demás.

El primer paso para leer mejor la mente de los demás es mantener siempre un espíritu abierto para hacerlo. Sin esta apertura, nunca recogeremos todos los frutos de lo que otras personas nos comunican. Sin embargo, esta apertura tiene que venir acompañada de un cierto grado de intolerancia, intolerancia dirigida a cualquier cosa que no sirva inmediatamente a los propósitos que tenemos en el momento presente. Cuando intentamos abarcar todo, incluso lo que no tiene nada que ver con nosotros, siempre nos sentimos abrumados y con la sensación de que no avanzamos hacia nuestros objetivos, porque probablemente no sea así. En cambio, cuando nos mantenemos abiertos sólo a las cosas que nos afectan directamente, solemos descubrir que tenemos mucha más energía para comprender a los demás y trabajar con lo que tenemos en consecuencia.

Una vez más, el entrenamiento de atención plena de algún tipo es la mejor práctica que tenemos para fomentar este sentido de apertura. El estrés y la distracción hacen que no sólo extraigamos menos información de los demás, sino que también malinterpretemos la poca que obtenemos. Las interpretaciones de los pensamientos de los demás que hacemos cuando estamos estresados están intrínsecamente mal concebidas y obstaculizadas por nuestros propios problemas. Como creía Kant, sólo hay que tener en cuenta los juicios de los desprejuiciados, por lo que la atención plena es una práctica necesaria para todos aquellos que quieran leer mejor las mentes.

A continuación, tenemos que determinar a quién queremos o necesitamos leerle la mente. Si salimos al ruedo, por así decirlo, tratando de decir lo que pasa en la vida interior de cada uno, entonces invariablemente vamos a experimentar una gran cantidad de rechazo y hacer más de unos pocos enemigos en el proceso. Deberíamos determinar estratégicamente a nuestra gente si la situación lo requiere. Si necesitamos un padrino para una boda, por ejemplo, no nos servirá de nada leer la mente de las mujeres que encontremos en el supermercado. Esto puede parecer un razonamiento maquiavélico, pero sólo podemos leer la mente de un número determinado de personas, así que debemos ser selectivos en cuanto a quiénes intentamos hacerlo y utilizar nuestros poderes para el bien.

Cuando tenemos a nuestra/s persona/s en mente, los primeros indicadores de su carácter y patrones de pensamiento que se nos conceden se encuentran en sus apariencias externas. Hay que prestar atención a detalles como su(s) rostro(s), su lenguaje corporal, su postura y su vestimenta. Normalmente, la apariencia externa de una persona es un fiel reflejo de su vida interior, aunque hay muchas excepciones a esta regla. Muchos filósofos modernos consideran que todos somos construcciones culturales, siempre influenciados e incluso moldeados en lo que somos por la cultura que nos rodea. Por eso, a menudo podemos saber mucho más de una persona por su aspecto exterior de lo que muchos tópicos de la cultura pop tienden a sugerir que podemos. Además, siempre hacemos declaraciones políticas con lo que llevamos, consumimos y nos asociamos, por lo que estos elementos también pueden ser grandes indicadores de cómo somos realmente.

Mientras que algunas de las personas cuyas mentes intentamos leer son figuras premeditadas (lo que significa que nos hemos decidido de antemano a analizarlas), otras personas simplemente parecen saltar hacia nosotros, pidiendo nuestra atención por su aspecto, su forma de actuar y su forma de pensar. Esta es una de las principales razones por las que la lectura de la mente siempre está siendo y nunca llega a ser, porque las "verdades" que sostenemos sobre las personas están siendo constantemente moldeadas por el conjunto de personas que conocemos, tanto dentro de las antiguas relaciones como de las nuevas. En última instancia, no podemos separar nuestra comprensión de una persona o grupo de las demás que conocemos. Todos ellos están inextricablemente vinculados entre sí por nuestra comprensión del conjunto.

Cuando vemos a otras personas, hay dos categorías principales en las que nuestra mente percibe la realidad externa: lo que es la persona y lo que no es la persona. Aunque el entorno en el que se encuentra la persona puede contener información sobre quién es realmente la persona, todavía tenemos que diferenciar entre la persona y el entorno que sea. Es imposible hacerlo por completo porque la percepción de los sentidos es, en última instancia, confusa y desorganizada, pero una vez que la percepción de los sentidos se aclara abstrayéndose de su individualidad y singularidad (en este caso, separando al individuo del entorno) se convierte en una cognición de orden superior. La cuestión aquí es no dejar que otras cosas en el fondo influyan en nuestras propias percepciones de las personas con las que nos comunicamos.

Con esta concentración láser en la persona con la que nos comunicamos, podemos eliminar toda la información de fondo que nos distrae, lo que nos permite comprender mejor lo que está pasando dentro de la cabeza de la persona. Cuando nuestras energías se diluyen por preocupaciones de fondo innecesarias, perdemos nuestra capacidad de ver con claridad lo que los demás están pensando.

Siempre debemos tomar estas decisiones sobre a quién leer con cuidado, porque estamos siendo constantemente moldeados por quienes nos rodean. Las personas con las que pasamos más tiempo y a las que prestamos más atención siempre van a moldear nuestro carácter mucho más que las demás. Las personas a las que leemos más de cerca no sólo deberían ser las que más nos ofrecen, sino también las que más nos animan a ser lo mejor de nosotros mismos. De este modo, podemos convertirnos en mucho mejores personas por el mero hecho de seguir a quienes más admiramos/nos llevamos bien.

Una vez que estamos en contacto con otro comunicador, tenemos que mantener nuestra atención en la persona. Esto incluye establecer contacto visual: una tarea que la mayoría no está dispuesta a llevar a cabo. Unos 15 segundos es el tiempo ideal para mantener el contacto visual con una persona al conocerla. Más tiempo tiende a incomodar a los demás, mientras que menos no fomenta una gran conexión con el otro.

Una vez establecido este contacto visual, debemos formular una imagen mental de la persona con la que hemos establecido contacto. Debemos tomar nota y recordar el rostro de la persona que hemos conocido, así como la energía que ha desprendido. Debemos dejar que los pensamientos y las emociones del rostro de la persona nos impresionen. Esto debe hacerse con el mismo sentido de apertura que todas las etapas de esta práctica, ya que tenemos que aceptar todas las impresiones que recibimos del otro, ya sean buenas o malas, y tampoco podemos pasar por alto ninguna de estas malas impresiones que recibimos sin ninguna autocrítica.

Una vez que hayamos establecido un primer contacto con la persona de esta manera más analítica, podremos empezar a leer realmente los pensamientos del otro. Hacer esto con toda justicia a la persona en cuestión implica mantener una cierta dosis de receptividad y cooperación. Se supone que conversar con el otro es una calle de doble sentido, en la que hay un diálogo negociado y equitativo entre las partes. Donde la mayoría de la gente tiene problemas es en su proclividad a valorar sus propios puntos por encima de los de los demás. Aquí es donde surge una gran parte de los conflictos interpersonales, en los que la gente sólo quiere centrarse en sus propias ideas y nunca piensa en escuchar las de los demás.

Por lo general, debemos confiar y seguir nuestra propia intuición cuando conversamos con los demás. Esto requiere honestidad y apertura, y también una buena dosis de seguridad, ya que nunca sabemos hasta qué punto los demás intentan leernos. Las conversaciones, como todos sabemos, tienden a funcionar mejor cuando todas las partes están en la misma página, pero sin transparencia, nunca se puede determinar si estamos o no de acuerdo con nuestros interlocutores. Somos actores racionales capaces de defendernos siempre que lo necesitemos, así que nunca deberíamos sentirnos amenazados al entablar nuevas conversaciones y relaciones, aunque las otras partes puedan estar trabajando con fines malévolos.

Permitir que nos lleguen los pensamientos de los demás es la única manera de asegurarse de que estamos obteniendo la máxima información de lo que se dice. Aquellos que se fijan en los pensamientos malos o desagradables aquí serán recompensados a largo plazo por hacerlo. Ignorar los pensamientos aterradores u oscuros de los demás es tan inadaptado como ignorar los buenos. Hay que evitar echarle en cara nada a la otra persona al conocerla, pero cualquier cosa mala que se presente debe ser analizada. También hay que tener en cuenta que, a menudo, cuando nos sentimos asustados o incómodos por algo, es un buen indicio de que estamos a punto de aprender algo que aún no sabemos. Las cosas desagradables con las que nos encontramos suelen enseñarnos mucho más que las cosas agradables, por lo que deberíamos investigar y sentir profundamente los peores pensamientos de los demás.

Es necesario fomentar nuestra propia inteligencia emocional si queremos hacer algún intento de leer los pensamientos de los demás. Cuando no podemos identificar nuestros propios pensamientos y aspiraciones, como suele ocurrir, no podemos identificar los de los demás. Si analizamos el razonamiento que hay detrás de nuestros pensamientos, podremos resolver nuestros propios problemas y averiguar lo que nos gustaría de los demás. Siempre estamos en un diálogo negociado con los demás, enviando señales sobre cómo esperamos que nos traten y recibiendo señales sobre cómo esperan los demás que les tratemos. Cuando no sabemos lo que pensamos y lo que queremos, la primera mitad de este diálogo nunca se cumple y, por consiguiente, sólo nos queda la información de lo que los demás quieren de nosotros, sin haber afirmado nunca nuestros propios apetitos y aversiones.

Demasiados oyentes escuchan sólo para responder y no para entender. Esto se remonta a nuestra tendencia a tener en cuenta sólo nuestras propias ideas cuando conversamos con los demás. La gente es capaz de distinguir una notable diferencia entre estos dos tipos de oyentes, y poner nuestras propias respuestas por encima de la comprensión es siempre una forma segura de alejar a la gente de nosotros, a menudo para siempre. Todo el mundo tiene interjecciones que hacer en todos los momentos de una conversación. Las personas menos seguras y más dependientes de la validación externa son mucho más propensas a prestar atención a sus propias interjecciones que a lo que realmente se está diciendo. Los que escuchan a los demás con auténtica recepción y curiosidad, sólo interesados en obtener una imagen clara del contenido de lo que se dice, son una raza rara en un mundo solipsista contaminado por opiniones y afirmaciones innecesarias, y que cada vez es más valorada y buscada por todos.

Escuchar más que hablar es otro paso que podemos dar en la misma línea que el anterior. Aunque los que limitan sus interjecciones en situaciones sociales no se ganan inmediatamente la misma reverencia que otros, estas personas suelen acabar absorbiendo más información que los demás. Hablar constantemente reduce el valor de nuestras propias palabras. La paradoja de la palabra se encuentra en que este deseo de ganar visibilidad a través de nuestro discurso al hablar en exceso hace que nos volvamos invisibles. Al entrar en una conversación debemos tener en cuenta que, a menos que estemos enseñando o instruyendo, nuestro principal trabajo suele ser escuchar. Aunque esto no parezca tan glamuroso como hablar constantemente, suele ofrecer mucha más recompensa, y aunque a corto plazo no ganemos la admiración por nuestra erudición, a largo plazo el silencio nos hará sabios, y normalmente lo pareceremos a los demás.

La mayoría de las personas eligen ser menos empáticas con el paso del tiempo. Se observa que es una elección porque, en realidad, cuesta muy poco esfuerzo identificarse con los demás. La empatía es recíproca, lo que significa que cuando empatizamos con los demás es mucho más probable que ellos hagan lo mismo con nosotros. Muchos problemas interpersonales se construyen simplemente a partir de las partes en conflicto que trabajan en pro de sus propios intereses sin dar un paso atrás por un segundo y considerar qué es lo que están pensando los demás. La lectura de la mente es, en gran medida, un juego de empatía, que premia la capacidad de identificarse con los reparos de los demás y trabajar con ellos hacia objetivos comunes. Sin embargo, para empatizar bien, tenemos que anteponer nuestros propios pensamientos; de lo contrario, estamos abocados a servir simplemente a los demás en nuestras relaciones.

Si queremos seguir avanzando en la lectura de los pensamientos de los demás vamos a tener que analizarlos de forma holística. Aquí es donde siempre surgirán algunos problemas porque no hay dos personas exactamente iguales. Las personas son complicadas, y justo cuando pensamos que hemos descubierto a otra en su totalidad, se desprende otra capa de la cebolla que es su personalidad, pidiéndonos que nos despojemos de preconceptos axiomáticos y de otras facetas de nuestra estructura de conocimiento integrado para adaptarnos a los cambios que nos encontramos.

Una de las mayores diferencias que pueden darse entre dos o más personas es la diferencia generacional o de edad. Todas las generaciones tienen estilos interpersonales (a veces dramáticamente) diferentes. Un miembro de la generación X, por ejemplo, suele preferir el contacto cara a cara, mientras que un millennial suele preferir el contacto a través de las redes sociales, los mensajes de texto, etc.

Tener en cuenta la generación de una persona nos ayudará a llevar mejor los asuntos con ella. Esto se extiende tanto a la forma en que debemos hablarles como a los temas que debemos tratar. Las personas tienden a la nostalgia, por lo que normalmente estaremos mejor hablando de los años 50 con un baby boomer que con un homelander. La mayor parte de la comunicación hoy en día se realiza a través de la tecnología, por lo que deberíamos esperar tener conversaciones con los más jóvenes a través de nuestros dispositivos más que con los mayores. En este sentido, debemos atender a los deseos de los demás, al tiempo que nos aseguramos de tener espacio para nuestros propios intereses y peculiaridades.

Los botones calientes son otra cosa que hay que tener en cuenta, ya que hay muy pocas cosas que cerrarán a una persona como conversador como aplastar sus opiniones con respecto a estos temas sobre los que tiene convicciones tan profundas. Si lo hacemos, corremos el riesgo de seguir conversando con la persona cuya opinión hemos aplastado, lo que nunca es una situación ideal. Deberíamos buscar lo que molesta y duele a los demás por el deseo de evitar esos temas o de prestar la ayuda que podamos reunir, no para echar sal en las heridas y añadir el insulto a la herida. Aquí también entra en juego la empatía, la capacidad de ver y comprender por qué la gente se siente así con respecto a estos temas.

Los temas que nos parecen más importantes reflejan increíblemente nuestro carácter. Cuando alguien adopta una postura firme sobre algo, debemos tomar en serio su opinión porque lo más probable es que haya reflexionado sobre el tema más que nosotros mismos. La mayoría de las personas son sorprendentemente perspicaces, sobre todo cuando se trata de cuestiones que consideran que requieren su atención. Es demasiado fácil dejarse llevar por el calor del momento e insultar a los demás por sus opiniones, pero este modo de conducta no ayuda a las conexiones interpersonales.

A continuación, debemos tomar nota de las personalidades individuales a las que nos enfrentamos. Este puede ser el paso más difícil, porque una personalidad es una construcción increíblemente compleja y multifacética que no puede ser simplemente ojeada una vez. Aunque las primeras impresiones suelen darnos indicios bastante fiables de cómo es realmente una persona, siempre tenemos que profundizar mucho más en una persona de lo que se ve a simple vista si queremos determinar cómo comportarnos con ella.

Tenemos que hacer un esfuerzo concertado para adaptar nuestro estilo de conversación al estilo de personalidad con el que estamos en contacto. Esto implica determinar cómo es una persona fundamentalmente y ajustar nuestra comunicación dirigida a ella en consecuencia. Para ello, podemos utilizar los tipos de personalidad del MBTI. Este sistema clasifica las personalidades en función de cuatro categorías: mundo favorito (introversión o extraversión), información (percepción o intuición), decisiones (pensamiento o sentimiento) y estructura (juicio o percepción).

Los extravertidos tienden a concentrar la mayor parte de sus energías en su mundo exterior, mientras que los introvertidos prefieren la introspección. Las personas que sienten suelen centrarse sólo en la información pura que se les da, mientras que las que intuyen suelen añadir sus propias interpretaciones y significados. Los pensadores tienden a considerar la coherencia y la lógica a la hora de tomar decisiones, mientras que los que sienten se fijan más en las personas implicadas y en las circunstancias especiales. Cuando observan el mundo exterior, los jueces tienden a querer tener las cosas decididas, mientras que los que perciben prefieren estar abiertos a nueva información. Todas estas dimensiones de la personalidad deben tenerse en cuenta a la hora de conversar con los demás, ya que pueden crear grandes abismos entre las personas que habrá que cruzar.

Observar la verborrea que utiliza una persona, así como su tono de voz, es una gran manera de conocer la personalidad de nuestro interlocutor. Utilizando estas herramientas podemos profundizar cada vez más en el trasfondo de la otra persona, así como en la relación que mantenemos con ella. Sin utilizar estas herramientas nos quedamos a ciegas en nuestra búsqueda de cómo tratar mejor a la persona.

La comunicación no verbal también debe abordarse continuamente. Esta forma de comunicación siempre se tiene en cuenta cuando se conoce a una nueva persona, pero demasiados de nosotros dejamos que este aviso caiga en el olvido a medida que se desarrollan las relaciones. Prestar una atención continua a esta forma de comunicación siempre dará grandes recompensas a quienes decidan hacerlo. Los principales aspectos a tener en cuenta al observar la comunicación no verbal son el uso del contacto visual, el uso del tiempo, del tacto, de la voz, el uso de la apariencia física/del entorno, la distancia y el lenguaje corporal.

La codificación y la descodificación son los dos procesos utilizados para transmitir y descifrar el lenguaje no verbal, respectivamente. Estos procesos pueden tener lugar de forma consciente o inconsciente. Las señales que se emiten durante la codificación suelen ser las que percibimos como universales, mientras que las que se registran durante la descodificación dependen de la disposición del codificador. La comunicación no verbal también está muy influenciada por la cultura. Aprendemos ciertas señales no verbales, tanto en la codificación como en la decodificación, desde una edad temprana y seguimos utilizando la mayoría de estas señales a lo largo de nuestra vida. Cada sociedad tiene su propio conjunto de señales no verbales, pero hay ciertos reguladores universales de este tipo de comunicación aplicables a todas las personas.

Una sorprendente proporción de dos tercios de toda la comunicación se realiza a través de medios no verbales. Esto significa que esta forma de comunicación supuestamente subordinada es, en realidad, más importante que la comunicación verbal. La mayoría de las veces las señales no verbales coinciden con el contenido del discurso, aunque a menudo hay divergencias en las señales producidas por estas dos formas de comunicación. Esta divergencia puede ser el resultado de un engaño, de una capacidad comunicativa deficiente o simplemente de una falta de comunicación general por parte del codificador. En estos casos suelen ser las señales no verbales las más precisas de seguir, ya que el 83% de lo que percibimos nos viene dado por la vista, el 11% por el oído, el 3% por el olfato, el 2% por el tacto y el 1% por el gusto.

Sólo hace falta una décima de segundo para que alguien juzgue a otro al conocerlo y cause su primera impresión. Las primeras impresiones suelen producirse de forma no verbal y suelen durar mucho tiempo en su eficacia. Hay primeras impresiones positivas y negativas, y ambas suelen producirse a través de la presentación de la otra persona en términos de apariencia y de lo que dice, y a través de los prejuicios personales del individuo al que se impresiona. Aunque estas impresiones suelen ser engañosas, especialmente cuando se dan a los prejuicios, la mayoría de las veces son representaciones bastante exactas de las personas que las emiten.

Cuando la mayoría piensa en la comunicación no verbal, el primer aspecto que le viene a la mente es la postura. La postura del cuerpo a menudo puede decir más sobre lo que está pasando dentro de la mente de una persona que las palabras que dice. Estas posturas suelen incluir cosas como agacharse, cruzar los brazos, adelantar los hombros, confiar en la mandíbula, separar las piernas y encumbrarse. Antes de analizar el lenguaje corporal de los demás, deberíamos repasar algunos consejos para mejorar nuestro propio lenguaje corporal.

Las expresiones faciales son uno de los factores más importantes a la hora de causar una primera impresión. Al empezar una relación con una sonrisa, se está asociando con la positividad. El 48% de los estadounidenses afirman que la sonrisa de una persona se convierte en su rasgo más memorable después de conocerla. A veces, una sonrisa excesiva puede parecer poco auténtica o incluso arrogante, pero sonreír con autenticidad siempre tiende a encantar.

La sonrisa no sólo hace más accesible una buena primera impresión, sino que también se ha demostrado que disminuye los niveles de hormonas del estrés, como el cortisol y la adrenalina. Sonreír no solo es amable, sino que también es una de las principales claves de la longevidad.

Un buen apretón de manos sigue siendo uno de los principios de cortesía en todo el mundo. Dar un buen apretón de manos, sin embargo, depende de mantener ese importante equilibrio entre ser demasiado firme y suave. Si se establece un término medio saludable, la primera impresión será mucho mejor.

Las presentaciones verbales son la parte más importante de los primeros siete segundos que pasamos con alguien. Hay muchas presentaciones comunes en nuestra lengua, como "hola", "encantado de conocerte", etc. Sea cual sea la que utilices, una presentación verbal puede ayudar mucho a romper el silencio y la tensión que supone conocer a alguien nuevo.

Un problema común al que se enfrentan muchas personas al conocer a otras es la falta de confianza para hablar con claridad. Hablar con timidez no sólo es una forma fácil de pasar desapercibido, sino que también suele llevar a que le tomen menos en serio. Se ha demostrado que los que hablan con una voz más grave y calmada suelen ser tomados más en serio, así que encuentre un equilibrio entre el susurro y el grito y tenderá a crear mejores relaciones.

El contacto visual muestra a los demás que no sólo está interesado en lo que dicen, sino que también tiene confianza en sí mismo. El contacto visual es también un gran indicador de respeto entre las personas. Sin embargo, hay que utilizarlo con moderación. Demasiado contacto visual puede intimidar a una persona o hacerla sentir incómoda, mientras que apartar la mirada puede interpretarse como una distracción.

El lenguaje corporal se refleja, en la mayoría de los casos, cuando dos personas hablan entre sí. Su sonrisa, por ejemplo, es reflejada por quienes le rodean mediante una neurona especializada responsable de reflejar las expresiones faciales. Esto establece entre los dos la comprensión mutua, la conexión y la confianza. Otros usos del lenguaje corporal positivo también son útiles, especialmente cuando se llevan a cabo en los primeros siete segundos de conocer a una nueva persona.

Su vestimenta puede ser un gran indicador de cómo es para una persona nueva. Si se viste con ropa que le hace sentir cómodo y seguro, es más probable que la gente le perciba así. Pero lo contrario también es cierto. Vestir bien no sólo le ayudará a causar una mejor primera impresión, sino que también mejorará su estado de ánimo y su confianza.

En palabras de Dale Carnegie, "Debemos ser conscientes de la magia que contiene un nombre y darnos cuenta de que ese único elemento es total y completamente propiedad de la persona con la que estamos tratando y de nadie más". Las personas disfrutan mucho escuchando sus propios nombres, incluso más de lo que suelen creer. Oír el propio nombre puede resultar especialmente llamativo para la gente en la era moderna, que es tan abrumadora en su exceso de nombres e información. Una vez que recuerda el nombre de alguien, siempre es una buena idea seguir llamando a esa persona por su nombre, ya que esto le hace parecer más agradable.

Este es un aspecto de la vida que la gente tiende a descuidar. Pregúntese cuáles son sus propios objetivos al conocer a una persona nueva. Una visión clara de cuáles pueden ser esos objetivos le dará una idea más clara de cómo establecer su tono y comportarse con esa persona. Esto también facilitará la comunicación con los demás, ya que tendrá una mejor idea de lo que está comunicando.

Nadie quiere hablar con una persona que no está interesada en lo que tiene que decir o que no piensa antes de hablar. Por eso es importante pecar de ver a los demás como posibles maestros y también ser preciso en lo que tiene que decir. Los demás estarán más dispuestos a hablar con usted si muestra empatía por ellos y trata de darles sólo lo mejor de lo que tiene que decir. Mostrar consideración en sus palabras o acciones es una de las mejores maneras de causar una impresión duradera en los demás.

El mal humor puede causar una impresión inesperada en las personas. Si va a conocer a una persona nueva pero está de mal humor por el motivo que sea, esfuércese por dejar atrás su negatividad. Siempre es sorprendente la facilidad con la que las actitudes negativas pueden contagiar a los demás.

Capítulo cinco: La psicología cognitiva

El enfoque cognitivo de la psicología se centra en el estudio de los procesos mentales, incluidos, entre otros, el pensamiento, la creatividad, la resolución de problemas, la percepción, la memoria, el uso del lenguaje y la atención. La atención a los procesos mentales de los seres humanos se remonta a la antigua Grecia con Platón, el primer filósofo del que se tiene constancia que afirmó que el cerebro es la sede de los procesos mentales humanos. Más tarde, René Descartes contribuiría a nuestra comprensión de la mente con su convicción de que todos los seres humanos nacen con ideas innatas, así como con su noción de un dualismo mente-cuerpo de los seres humanos. Después de estos dos pensadores, uno de los debates más populares en filosofía sería el de las nociones de pensamiento experiencial (empirismo) frente al de las ideas innatas (nativismo). En el siglo XIX, George Berkeley y John Locke argumentarían del lado de los empiristas, mientras que Immanuel Kant sería el principal defensor de la visión nativista.

El siguiente gran paso que se dio en el campo de la psicología cognitiva fue el descubrimiento por parte de Paul Broca de una determinada zona del cerebro responsable de la producción del lenguaje. A este salto le siguió rápidamente otro similar en el que Carl Wernicke descubrió otra área responsable en gran medida de la comprensión del lenguaje. Ambas áreas recibieron el nombre de sus fundadores y, hasta la fecha, la inadaptación y el traumatismo de estas áreas que provocan trastornos en la producción o comprensión del lenguaje de un individuo se denominan afasia de Broca o afasia de Wernicke.

Desde la década de 1920 hasta la de 1950 se produjo un aumento de la popularidad del conductismo. Los primeros partidarios de esta escuela de pensamiento consideraban que cosas como la conciencia, la atención, las ideas y los pensamientos eran inobservables y estaban fuera del ámbito del estudio psicológico. Aunque el punto de vista conductista tenía sus puntos fuertes, también contenía sus deméritos y Jean Piaget fue la primera figura notable de la época en ir a contracorriente de la escuela y estudiar la inteligencia, el lenguaje y los pensamientos de niños y adultos individuales.

En la Segunda Guerra Mundial se fundó la teoría de la información, el estudio de la comunicación, el almacenamiento y la cuantificación de la información dentro del cerebro. Esto resultó ser más útil para seguir el rendimiento de los soldados que luchaban en los frentes que el conductismo, que no tenía ninguna explicación sobre el rendimiento de las tropas en el combate. El desarrollo de la IA tendría más tarde una profunda influencia en el pensamiento psicológico, ya que muchos psicólogos empezaron a ver enseguida paralelismos entre los "cerebros" computarizados y los de los humanos en las áreas de almacenamiento y recuperación de la memoria. La revolución cognitiva de los años 50, iniciada por Noam Chomsky, creó el campo de la ciencia cognitiva al analizar la producción de los procesos de pensamiento a través de una lente multidisciplinar que incluía máximas dentro de los campos de la antropología, la lingüística y la psicología.

El término "cognición" es un término general que se utiliza para referirse a todos los procesos en los que se utiliza, recupera, almacena, elabora, transforma y reduce la información sensorial. Incluso cuando estos procesos están desprovistos de información sensorial, permanecen activos, manifestando a menudo imágenes y a veces alucinaciones. Con esta amplia definición, queda claro que la cognición está implicada en todo lo que hace una persona. Sin embargo, aún existen diferentes formas de analizar los procesos de pensamiento que se apartan de este enfoque cognitivo, como el enfoque dinámico, que analizaría los instintos, las necesidades o los objetivos de un sujeto en lugar de sus creencias, recuerdos o visiones a la hora de tener en cuenta las acciones o las experiencias.

La psicología cognitiva analiza los procesos mentales con el objetivo principal de indagar en el comportamiento. El primer proceso mental que los psicólogos cognitivos tienen en cuenta es el de la atención, en el que la conciencia se centra intensamente en un mero subconjunto de la información perceptiva de que dispone una persona. En este caso, la información irrelevante se filtra de las cosas más importantes que suceden, lo que da al individuo mayor poder para analizar una entrada sensorial específica. El cerebro humano puede conocer información táctil, gustativa, olfativa, visual y sonora a la vez, pero sólo cuando se concentra una cantidad selectiva de esta información podemos aclararla.

Existen dos sistemas atencionales principales en nuestra mente: el control exógeno y el endógeno. El control exógeno se centra más en los efectos emergentes y el reflejo de orientación, mientras que el control endógeno se centra más en el procesamiento consciente y la atención dividida.

La atención dividida es uno de los puntos centrales de la psicología cognitiva. Aunque la atención dividida dificulta el procesamiento de la información, conservamos la capacidad de realizar tareas cuando tenemos mucho que hacer, por así decirlo. El efecto cóctel da fe de esta noción, afirmando que somos capaces de mantener conversaciones y prestar atención a su contenido en entornos en los que se producen muchas más conversaciones. Sin embargo, la información que se ensombrece se queda en el camino, abandonando nuestra memoria tan pronto como la conocemos.

El siguiente proceso que estudian los psicólogos cognitivos es el de la memoria. Hay dos tipos principales de memoria: la memoria a largo plazo y la memoria a corto plazo, ambas con sus propios subtipos. La memoria a corto plazo se denominará aquí memoria de trabajo, ya que es la terminología más utilizada en la actualidad.

La memoria de trabajo, aunque suele utilizarse indistintamente con el término memoria a corto plazo, se refiere a nuestra capacidad de asimilar información cuando hay distracciones. Esta forma de memoria consiste en un burgo ejecutivo central de memoria que está interconectado inextricablemente con un bucle fonológico del lenguaje, un cuaderno de dibujo visoespacial de la semántica visual y un buffer episódico de los recuerdos episódicos a corto plazo. El principal problema de la memoria es el olvido. La psicología cognitiva nos ofrece dos soluciones contrapuestas a este problema: la teoría de la decadencia, que afirma que los recuerdos nos abandonan al cabo de un tiempo debido simplemente al paso del tiempo, y la teoría de la interferencia, que afirma que los recuerdos nos abandonan debido a que son interferidos por otras piezas de información que se aportan a medida que pasa el tiempo.

A continuación, tenemos la memoria a largo plazo, de la que existen tres subclases principales. La memoria procedimental es la que se utiliza para la realización de tareas que se llevan a cabo de forma inconsciente o que requieren un esfuerzo consciente mínimo. Este tipo de memoria contiene información de respuesta a estímulos que se utiliza para realizar determinadas tareas o rutinas. Este tipo de memoria hace posible la realización aparentemente automatizada de tareas y rutinas. Conducir un coche y montar en bicicleta son dos grandes ejemplos de acciones realizadas con este tipo de memoria.

A continuación, llegamos a la memoria semántica. Es el tipo de memoria en el que se encuentran nuestros conocimientos más enciclopédicos. Las piezas de información que recogemos a lo largo de los años a través de diversas fuentes se incorporan a nuestros almacenes de este tipo de memoria. Por ejemplo, nuestros conocimientos sobre los tipos de tortugas de nuestra zona o el aspecto de la Torre de Pisa se almacenan en nuestra memoria semántica. El acceso que se nos concede a estas piezas de información dentro de este sistema de memoria depende de una serie de factores, entre los que se encuentran la fecha de obtención de la pieza de información, el nivel de su significado, su frecuencia de acceso y el número de asociaciones que pueda tener con otras piezas de información. Por lo general, recordamos los recuerdos más recientes y destacados, y prestamos más atención a las piezas de información que nos afectan directa y profundamente en el momento presente.

Por último, la memoria episódica se utiliza para almacenar y recordar esbozos autobiográficos que pueden ser declarados explícitamente por el individuo. Este tipo de memoria contiene únicamente recuerdos temporales, como la última vez que una persona se cepilló los dientes y cuando compró su primer coche. Recuperar los recuerdos de este tipo de memoria requiere un esfuerzo más consciente que hacer lo mismo con los recuerdos de otros tipos, ya que es necesario combinar tanto la información temporal como los recuerdos semánticos para pintar las imágenes de lo que estamos tratando de encontrar. Sin embargo, podría decirse que es el tipo de memoria a largo plazo más importante, ya que contiene la información temporal y la memoria semántica mencionadas anteriormente.

Ahora llegamos al proceso de percepción. Este proceso implica la interpretación, identificación y organización de la entrada sensorial (tacto, vista, olfato, oído y gusto) y la conciliación de los procesos cognitivos individuales que entran en esos canales sensoriales. Los primeros estudios sobre este proceso fueron realizados por estructuralistas como Edward Titchener, que intentó reducir todo el pensamiento humano a sus componentes más básicos observando cómo los individuos responden a los estímulos sensoriales.

La metacognición es, a grandes rasgos, los pensamientos que un individuo tiene sobre sus propios pensamientos. Por ejemplo, la metacognición se utilizaría en las siguientes circunstancias: la eficacia de una persona para determinar sus propias capacidades de realización de determinadas tareas, la comprensión introspectiva de una persona o sus propios puntos fuertes y débiles en la realización de determinadas tareas mentales, y la capacidad de una persona para emplear estrategias cognitivas para resolver problemas.

Donde el estudio de la metacognición resulta más útil es en el campo de la educación. La capacidad de un estudiante para conocer objetivamente sus propios patrones de pensamiento se ha relacionado repetidamente con mejores hábitos de estudio y aprendizaje. Una de las principales razones de esta existencia correlativa reside en la capacidad añadida del estudiante para establecer y cumplir objetivos mediante la autorregulación. Las tareas metacognitivas son una excelente manera de garantizar que los estudiantes evalúen con precisión el grado de sus propios conocimientos y adquieran destrezas en su capacidad para establecer objetivos.

Algunos de los fenómenos más comunes relacionados con la metacognición son el Deja Vu (la sensación de repetir la experiencia), la criptomnesia (el plagio inconsciente de pensamientos pasados combinado con la creencia de su novedad y singularidad), el efecto de la falsa fama (hacer que nombres no famosos sean de hecho famosos), el efecto de validez (en el que la exposición repetida a las afirmaciones parece darles más validez) y la inflación de la imaginación (la imaginación de un evento que nunca ocurrió de hecho con la confianza de que sí ocurrió aumentando con el tiempo).

La teoría del proceso dual afirma que los pensamientos pueden provenir de dos procesos diferentes. El primero de estos procesos es implícito e inconsciente y se produce de forma automática, mientras que el segundo es explícito y consciente y se produce en condiciones controladas.

La psicología social moderna debe gran parte de sus conocimientos a estudios anteriores realizados por psicólogos cognitivos. El subconjunto de la psicología social que está más inextricablemente vinculado con el campo de la psicología cognitiva es el de la cognición social, que estudia las formas en que las personas almacenan, procesan y aplican la información relativa a determinadas personas y situaciones sociales. Este subconjunto nos ayuda a comprender las interacciones humanas sobre una base que nunca habría sido posible de otro modo.

La teoría de la mente, en términos generales, trata de la capacidad de un individuo para atribuir y comprender la cognición de quienes le rodean. Esta teoría es especialmente útil en el campo de la psicología del desarrollo, donde el análisis de esta capacidad en los niños y adolescentes en desarrollo es esencial para predecir y determinar los patrones de comportamiento que se aplican en las situaciones sociales. La psicología cognitiva se entremezcla con la psicología del desarrollo sin esfuerzo porque nuestra capacidad de cognición se afirma desde el principio de nuestras vidas. La teoría de la mente, por otra parte, sólo comienza a producirse alrededor de los cuatro a los seis años, debido a que suele ser cuando el niño empieza a reconocer que tiene sus propios pensamientos y que, por tanto, los demás deben tener los suyos propios. La teoría de la mente es esencialmente una forma de metacognición, ya que requiere que analicemos nuestros propios pensamientos y los de los demás.

Jean Piaget fue el primer psicólogo del desarrollo que pronosticó la teoría del desarrollo cognitivo. Esta teoría analiza el desarrollo de la inteligencia humana a medida que la persona se convierte en adulto.

La psicología educativa también se ha visto profundamente influenciada por el campo de la psicología cognitiva. La metacognición se analiza en la psicología de la educación en términos de autocontrol, que lleva a cabo un seguimiento de la precisión con la que los estudiantes controlan su propio rendimiento cuando aprenden y desarrollan nuevas habilidades. Esto también implica el análisis de lo bien que aplican el conocimiento de sus propias deficiencias para mejorar este rendimiento.

El conocimiento declarativo y procedimental también se analiza en la psicología educativa. El conocimiento declarativo es más bien el conocimiento enciclopédico acumulado que adquirimos a lo largo de los años, mientras que el conocimiento procedimental se refiere más bien al conocimiento de cómo realizar ciertas tareas y o piezas de información relacionadas con estas tareas. Una de las tareas más arduas a las que se enfrentan muchos psicólogos educativos a lo largo de su carrera es conseguir que los niños y adolescentes integren el conocimiento declarativo en sus sistemas de conocimiento procedimental.

La organización del conocimiento es otro de los temas actuales en el campo de la psicología de la educación. El conocimiento de cómo se organiza y ordena el conocimiento en el cerebro obtenido por los psicólogos cognitivos ha beneficiado enormemente al campo de la psicología educativa. Esta organización tiene lugar en una serie de jerarquías que resultan muy útiles para que los psicólogos de la educación tengan en cuenta en su trabajo.

La psicología cognitiva, como su nombre indica, se ocupa mucho más de los conceptos de la psicología aplicada que la ciencia cognitiva. También se diferencia de este campo de la ciencia en que intenta analizar los fenómenos psicológicos. Los psicólogos cognitivos suelen dedicarse al estudio de cómo el cerebro humano absorbe, procesa y basa la toma de decisiones en la información que le llega. La información que obtienen dentro de este estudio se suele guardar y aplicar dentro del campo de la psicología clínica. Este campo de estudio psicológico es único, ya que está fuertemente vinculado a los campos de la lingüística, la filosofía, la inteligencia artificial, la neurociencia y la antropología.

Podríamos argumentar que el papel de la ciencia cognitiva está subordinado al de la psicología cognitiva. Esto estaría justificado porque gran parte (si no la mayoría) de los hallazgos de los científicos cognitivos sólo se utilizan dentro del campo de la psicología cognitiva. Los trabajos realizados en este campo pueden ser a veces más útiles que los realizados en la psicología cognitiva debido a que los científicos cognitivos suelen realizar experimentos en otros animales que se considerarían poco éticos para realizarlos en humanos.

Las primeras críticas a la psicología cognitiva vinieron de los conductistas, que en general no estaban de acuerdo con el empirismo del campo, por considerarlo incompatible con la existencia de estados mentales. La respuesta a esta crítica se expresó más tarde de forma más aguda en el subcampo de la neurociencia cognitiva, que encontró pruebas de correlaciones directas entre la actividad cerebral real y fisiológica y los estados mentales determinantes.

Otra importante área de investigación dentro de la psicología cognitiva es el proceso de categorización. Este proceso implica el reconocimiento, la diferenciación y la comprensión del sustrato de los objetos y de nosotros mismos como sujetos. Este proceso es necesario para establecer diferencias y similitudes entre las cosas de nuestra realidad observable. Sin embargo, donde algunos empezamos a ver problemas es cuando esta categorización de objetos y sujetos empieza a hacer indistinguibles dos hechos dentro de un continuo, provocando paradojas en las afirmaciones contradictorias donde quiera que se presenten.

Dentro de nuestro poder de juicio se encuentra la capacidad de inducción y adquisición, que nos permite inclinar los conceptos discerniendo los ejemplares de los no ejemplares. La capacidad de distinguir similitudes y diferencias entre objetos y de representar, clasificar y estructurar lo que extraemos de la experiencia sensorial también se encuentra dentro de nuestro poder de juicio. Sin embargo, este poder está subordinado al poder de comprensión, lo que significa que ninguna de estas habilidades es posible sin la comprensión.

La psicología cognitiva también investiga el área de la representación del conocimiento y el razonamiento. Esta área de pensamiento nos da la capacidad de representar la información que nos llega del mundo exterior y de utilizar esta información para razonar hacia nuestros propios fines. Los temas subordinados que se tratan en la representación del conocimiento y el razonamiento son la codificación proposicional, la cognición numérica, las imágenes mentales, la psicología de los medios de comunicación y las teorías de la codificación dual.

El lenguaje es otra de las áreas investigadas habitualmente por los psicólogos cognitivos. La adquisición del lenguaje, así como las cuestiones del procesamiento del lenguaje, la gramática, la lingüística, la fonología y la fonética, son las principales áreas de interés en relación con el lenguaje dentro del campo de la psicología cognitiva. Estos estudios a menudo se solapan con los de la lingüística, pero los psicólogos cognitivos suelen profundizar más en las áreas de adquisición y procesamiento del lenguaje que sus homólogos.

La memoria es probablemente el área de la cognición más investigada dentro del campo de la psicología cognitiva. En términos generales, la memoria es la función del cerebro por la que se almacenan, codifican y recuperan piezas de información cuando se necesitan.

La pérdida de memoria relacionada con la edad es el problema más común en lo que respecta a la memoria, ya que la mayoría de nosotros tenemos capacidades justas en lo que respecta a la memoria que disminuyen a medida que envejecemos. La memoria autobiográfica almacena los recuerdos de nuestras propias experiencias pasadas, como su nombre indica. La memoria infantil se ocupa de las experiencias de la infancia. La memoria constructiva es una memoria que construye erróneamente recuerdos falsos de acontecimientos pasados. También existe un fuerte vínculo entre la emoción y la memoria de todo tipo que investigan los psicólogos cognitivos.

La memoria episódica se refiere a acontecimientos autobiográficos pasados que pueden recordarse con claridad, mientras que la memoria de los testigos oculares es sólo la memoria episódica que se refiere a crímenes u otros acontecimientos dramáticos del pasado de una persona. Un recuerdo falso es simplemente uno erróneo, como su nombre indica. Los recuerdos flash son recuerdos breves e increíblemente detallados de acontecimientos pasados. También existen los recuerdos a largo y corto plazo y la memoria semántica, que ya hemos repasado anteriormente. El error de seguimiento de la fuente se produce cuando el origen de un recuerdo se atribuye erróneamente a alguna experiencia distinta de la que le dio origen. El efecto de espaciamiento psicológico puede utilizarse en nuestro beneficio cuando espaciamos la repetición de nuestros repasos del material aprendido para recordar mejor dicho material. También hay muchos tipos diferentes de sesgos de la memoria que dificultan nuestra facultad de recordar y que no vamos a repasar aquí en aras de la brevedad.

La percepción es otra área de gran interés dentro de la psicología cognitiva. La atención, el reconocimiento de objetos y el reconocimiento de patrones son las tres principales áreas de interés. La percepción de la forma es la forma de percepción más estudiada dentro de la psicología cognitiva. La psicofísica, un área de estudio relativamente nueva, analiza la relación entre los estímulos físicos con los que nos encontramos y nuestras percepciones y sensaciones relacionadas con ellos. Por último, la sensación temporal estudia cómo percibimos y nos afecta el tiempo.

El pensamiento es probablemente el área de investigación más amplia dentro de la psicología cognitiva. El término "pensamiento" se refiere al flujo de asociaciones e ideas orientado a un objetivo que puede conducir a conclusiones orientadas a la realidad. Una elección es una forma de pensamiento que sigue una finalidad presupuesta por el que elige. Esta forma de pensamiento implica discernir los méritos y deméritos de las opciones que se nos presentan y elegir una o varias de ellas en consecuencia. Las facultades de inducción y adquisición utilizadas en la formación de conceptos también son formas de pensamiento.

La toma de decisiones es el proceso cognitivo que consiste en elegir una o varias opciones que se le presentan a uno mismo y, a continuación, iniciar un curso de acción basado en la elección. La lógica es la inferencia estudiada sistemáticamente. Para que una inferencia sea válida debe existir una relación concisa de apoyo lógico entre los presupuestos realizados en la inferencia y la conclusión real. La psicología del razonamiento es el estudio científico de cómo las personas sacan conclusiones de la información y toman decisiones basadas en esas conclusiones. La solución de problemas es simplemente la resolución de los problemas a los que nos enfrentamos.

El principal objetivo que persiguen los psicólogos cognitivos es completar los modelos del procesamiento de la información que tiene lugar dentro del cerebro de una persona. La conciencia, la memoria, el pensamiento, la percepción, la atención y el lenguaje son las principales áreas de interés en este campo. Al completar estos modelos, según la idea general, podemos trabajar con planos preestablecidos para determinar cómo se producen estos procesos en otros individuos. Las tres principales subcategorías anidadas dentro de este campo son la psicología experimental humana (que se ocupa principalmente de cuestiones relativas a la memoria, la atención, el lenguaje y la resolución de problemas), el enfoque del procesamiento análogo de la información por ordenador (que incluye la IA y las simulaciones informáticas) y la neurociencia cognitiva (que suele estudiar los efectos de los daños cerebrales en la cognición).

Alrededor de la década de 1950, algunos avances en las ciencias psicológicas hicieron necesario el crecimiento de la psicología cognitiva. Estos incluyen, pero no se limitan, a la disidencia de la psicología conductista, que ponía mucho énfasis en los comportamientos externos pero ninguno en los procesos internos que iniciaban estos comportamientos, el desarrollo de métodos experimentales más nuevos y a menudo más eficaces, y las nuevas comparaciones que se establecían entre la mente humana y el procesamiento informático de la información. Independientemente de que la psicología cognitiva respondiera o no a las preguntas de la época en torno a estas cuestiones, el conductismo se estaba convirtiendo en un enfoque extinto, expulsado por su propia metodología anticuada.

El auge de la psicología cognitiva fue inversamente proporcional a la caída de algunos de los enfoques más erróneos de la psicología de la época. Este campo se sacudió la paja del comportamiento condicionado y muchos enfoques psicoanalíticos de la época.

Los conductistas solían ser reacios al estudio de los procesos internos de la mente porque creían que estos procesos no podían observarse ni medirse objetivamente. Los psicólogos cognitivos respondieron a esta reticencia observando y estudiando los procesos mentales de los organismos, considerando que hacerlo era una parte esencial para aprender más sobre ellos. Los procesos de mediación entre el estímulo y la respuesta dentro de los organismos fueron los primeros objetos de estudio específicos de los psicólogos cognitivos, y siguen siendo objetos de estudio primordiales dentro del campo hasta el día de hoy.

Los psicólogos cognitivos eran paralelos a los conductistas en el sentido de que empleaban métodos controlados, objetivos y científicos para perseguir sus fines. La única diferencia entre ambos grupos es que los psicólogos cognitivos utilizaban estos métodos para analizar los procesos mentales de los organismos, mientras que los conductistas no lo hacían.

Nuestros cerebros se asemejan a los ordenadores en su forma de transformar, almacenar y recuperar la información (lo que no debería sorprender si se tiene en cuenta que los humanos programan los ordenadores). La mayoría de los modelos de procesamiento de la información muestran una secuencia clara. Los procesos cognitivos de la atención y la memoria suelen tener las secuencias más claras.

El análisis de los estímulos suele encontrarse en los procesos de entrada. Los procesos de almacenamiento dentro del cerebro pueden codificar y a veces manipular la percepción de los estímulos. Por último, los procesos de salida legislan nuestras respuestas a los estímulos.

A finales de los años 50 y principios de los 60, el enfoque cognitivo se convirtió en el más aceptado en el campo de la psicología, revolucionando la forma de percibir los procesos cognitivos internos. Los trabajos de Piaget y Tolman son la principal razón de esta realidad.

Hoy en día, Tolman es considerado por la mayoría como un conductista blando. Sin embargo, su estudio de las conductas intencionadas en los organismos se apartó del paradigma conductista que afirmaba que el aprendizaje era el producto de la relación entre los estímulos y las respuestas. Tolman afirmaba, por el contrario, que el aprendizaje se derivaba de las relaciones entre los estímulos entre sí. El término que acuñó para referirse a estas relaciones fue "mapas cognitivos".

No fue hasta la llegada del ordenador que la psicología cognitiva adquirió la metáfora y la terminología que necesitaba para investigar adecuadamente la mente. Esta llegada dio a los psicólogos la oportunidad de establecer analogías entre la mente humana y los procesos de un ordenador, siendo estos últimos, en general, mucho más simples y fáciles de entender. Esta analogía se remonta a la establecida por Platón en su República entre los componentes individuales de un estado y la mente humana. Además, esta analogía se convirtió en el punto central del argumento Leibnitz-Searle. Esencialmente, un ordenador codifica la información, la modifica, la almacena, la utiliza y, finalmente, produce algún tipo de resultado.

Este modelo informático de procesamiento de la información fue observado por los psicólogos cognitivos, que creían que el cerebro humano utilizaba el mismo modelo o uno similar. Sin embargo, este enfoque se basa en algunos supuestos clave: que la información de nuestro entorno externo se procesa mediante una serie de procesos (entre ellos, la percepción, la atención, la memoria, etc.), que la transformación y la alteración de estos procesos se producen de forma sistemática, que se supone que la investigación tiene como objetivo especificar estos procesos y sistemas, y que el procesamiento de la información por ordenador se asemeja al de los humanos.

El enfoque conductista nos ofrece que podemos observar y estudiar los procesos externos (estímulo y respuesta) con los que nos encontramos, pero nuestras observaciones bajo este enfoque se limitan sólo a estos procesos externos. El enfoque cognitivo, por el contrario, afirma que podemos observar y estudiar los procesos internos que ocurren dentro de la mente. Este enfoque estudia las relaciones de mediación entre el estímulo/la entrada y la respuesta/la salida.

El enfoque conductista trabaja en una progresión lineal dentro del siguiente marco: estímulo del entorno, una "caja negra" que no se puede estudiar, y conducta de respuesta. El enfoque cognitivo sigue una progresión similar: entrada del entorno, un proceso de mediación en el evento mental, y conducta de salida. Como podemos ver, aparte de las diferencias de verborrea, la principal diferencia entre estas dos progresiones se encuentra en sus pasos transitorios: mientras que el enfoque conductista sólo nos ofrece una caja negra de ignorancia en cuanto a los procesos mentales internos, el enfoque cognitivo investiga los procesos mediacionales que ocurren dentro de los eventos mentales.

Estos procesos mediacionales se denominan así porque están destinados a interponerse entre el estímulo y la respuesta del evento mental. Esta respuesta podría incluir procesos como la resolución de problemas, la atención, la memoria, la percepción, etc. Sean cuales sean, estos procesos se producen después de que se haya producido el estímulo y antes de que se produzca la respuesta conductual.

Las relaciones causales entre todos estos procesos mentales en algunos casos piden juicios teleológicos sobre sus partes. Aquí vemos caminos claros y lineales de comportamientos intencionales que siguen a los estímulos y a los procesos de mediación subsiguientes. Donde se dice que el modelo conductista carece aquí es en el conocimiento de estos procesos intermedios de mediación que ocurren dentro de la mente. Hoy tenemos claro que para entender la psicología conductista debemos entender primero estos procesos mediacionales. Hacer lo contrario sería, en muchos sentidos, poner el carro delante de los bueyes.

Fue el libro de Kohler de 1925, *La mentalidad de los simios*, el que inició la ruptura popular con el modelo conductista dentro de las ciencias psicológicas. En este libro, Kohler investigó los comportamientos más perspicaces de los animales, fundando en el proceso un campo poco conocido con el nombre de psicología de la Gestalt. Los términos "input" y "output", tan utilizados en la psicología cognitiva, se introdujeron por primera vez en este campo en el libro de Norbert Wiener de 1948 *Cybernetics: or control and communication in the animal and the machine*. Las observaciones de Tolman en 1948 sobre los mapas cognitivos realizados con ratas en laberintos fueron el primer estudio que demostró que los animales tienen representaciones internas de los comportamientos.

Fue *El número mágico 7 más o menos 2* de 1958, de George Miller, el que acabó viendo nacer la psicología cognitiva. El solucionador general de problemas desarrollado por Newell y Simon fue el siguiente gran descubrimiento dentro del campo. En 1960, Miller y el desarrollista cognitivo Jerome Bruner fundaron finalmente el Centro de Estudios

Cognitivos. La publicación de Ulric Neisser en 1967 de *"Psicología cognitiva"* marca el nacimiento definitivo del enfoque cognitivo. El modelo de almacenes múltiples de Shiffrin y Atkinson de 1968 se convirtió en el primer modelo de procesamiento de la memoria. Hoy, por fin, la psicología cognitiva se considera un campo muy influyente en todas las áreas de estudio psicológico (biológico, conductista, social, del desarrollo, etc.).

Un psicólogo cognitivo sería útil para hablar con cualquier persona que pueda estar experimentando los siguientes problemas: un problema psicológico que pueda necesitar métodos de terapia cognitiva para mitigar o exterminar, un trauma cerebral que pueda necesitar tratamiento, problemas sensoriales y/o perceptivos, un trastorno del habla o del lenguaje (en este caso se necesitarían más tipos de terapia, siendo los métodos cognitivos complementarios), problemas relacionados con la memoria como la enfermedad de Alzheimer, la demencia o la pérdida de memoria, o problemas de aprendizaje.

En esencia, casi cualquier persona que tenga o experimente problemas relacionados con los procesos mentales se beneficiará necesariamente de la terapia psicológica cognitiva. Muchos piensan que la psicología cognitiva es un campo de estudio erudito y poco práctico que tiene mucha más utilidad dentro de las aulas que fuera de ellas, pero todo el mundo tiene procesos mentales, así que todo el mundo puede beneficiarse de esta área de investigación. Contar con un psicólogo cognitivo que trabaje para y con nosotros nos dará una perspectiva más objetiva y científica sobre los procesos mentales que tenemos y de los que quizá no seamos conscientes o estemos interpretando de forma poco científica.

Uno de los adversarios más sigilosos de nuestro propio bienestar son los patrones de pensamiento negativos. Estos patrones de pensamiento son tan destructivos porque normalmente no podemos saber lo distorsionados que están, lo que les permite legislar nuestros procesos de pensamiento sin que seamos conscientes de ello. Tener otra perspectiva de nuestros propios procesos mentales internos es posiblemente la única forma segura de evitar que estos patrones negativos controlen el resto de nuestra mente. Las cavilaciones negativas suelen conducir a un aumento del estrés, al autosabotaje, al pesimismo e incluso a la impotencia aprendida después de un tiempo si no tenemos cuidado.

Una vez que estos patrones de pensamiento negativo se han apoderado de nuestra psique, no necesariamente pueden eliminarse. Nuestra mejor opción es sustituir estos esquemas por otros mejores, más optimistas y racionales. Por ejemplo, un esquema que le dice a una persona repetidamente cosas como "no eres digno" o "nunca cumplirás los estándares" debe ser respondido con uno que le diga cosas como "tienes un valor intrínseco" o "estos estándares son tuyos". Los patrones de pensamiento negativo, así como las respuestas racionales a sus interjecciones, son indeterminados y dependen del individuo. De todos modos, el objetivo básico es sustituir los pensamientos que no nos ayudan o no nos hacen avanzar como personas por otros que sí lo hacen. En este caso se podría utilizar algo de autoterapia. Siempre que tengamos un pensamiento o una serie de pensamientos con los que nuestra mente ejecutiva no esté de acuerdo, deberíamos grabar y analizar estos pensamientos, editándolos y sustituyéndolos por otros más sanos y racionales. Hacerlo cambiará nuestros modos de pensar y nos permitirá convertirnos en personas más racionales y motivadas intrínsecamente.

La psicología cognitiva podría considerarse la finalidad última de la psicología, aquella a la que se subordinan todos los demás subcampos. Todo lo que conocemos, lo conocemos gracias a nuestra capacidad de cognición. Si no analizamos nuestros procesos mentales, nos quedamos sin saber lo que realmente ocurre dentro y fuera de nosotros.

Capítulo seis: Modos de persuasión

Llegamos por fin a lo que probablemente sea la parte más útil de nuestro libro. Los modos de persuasión, también conocidos como apelaciones retóricas o estrategias éticas, son dispositivos retóricos utilizados para clasificar la apelación de un orador a su audiencia. Estos modos se denominan Eros, pathos, logos y Kairos. Aristóteles consideraba que la persuasión no era más que una forma de demostración, ya que nos persuaden más las cosas que percibimos como demostradas. De ello se desprende lógicamente que cuanto más o menos demostremos algo, más o menos se persuadirá a los demás de ello dentro de la proporción.

Hay tres tipos principales de persuasión oral: la persuasión debida a la credibilidad percibida del orador en el momento del discurso, la persuasión de los oyentes debida a sus propias emociones y la persuasión lograda a través del discurso cuando se llega a la verdad o a la verdad aparente mediante argumentos adecuados al caso en cuestión.

El ethos se define en términos generales como la apelación a la autoridad o a la credibilidad del orador. Para reforzar el ethos, el orador debe convencer a la audiencia de su propia credibilidad, a menudo apelando a otras fuentes de autoridad en el proceso. Para ello, se emplean diversos medios, como ser o convertirse en una figura notable en el campo en cuestión, como un profesor, un médico o un experto, aprender y demostrar un dominio de la lengua vernácula del campo en cuestión, y presentar o producir expertos probados en el campo.

Si no se cumplen estos criterios generales, un orador tendrá generalmente problemas para ganar y fomentar un sentido de credibilidad o ethos. Sin ser un experto en el campo en el que habla, o sin el vocabulario necesario y o la apelación a otras fuentes de autoridad, un orador perderá típicamente cualquier sentido de credibilidad a los ojos de su audiencia, lo que suele provocar que el individuo pierda su sentido de credibilidad intrínseca, iniciando así un bucle causal de la pérdida de credibilidad y potencia general como orador.

El ethos puede considerarse la persuasión por el carácter o la credibilidad. La fiabilidad suele ser el rasgo más importante que una persona puede mostrar para fomentar el ethos. Tendemos a ver a los que son más dignos de confianza como más creíbles, ya que aunque no sepamos lo que nos van a decir, tenemos más seguridad de que va a ser la verdad. De aquí se desprende necesariamente que, para que alguien gane en ethos, debe ser más digno de confianza. Aristóteles nos ofrece tres cualidades explícitas que una persona debe mostrar para convertirse en un individuo más confiable: buen sentido, buen carácter moral y buena voluntad.

El sentido común sólo se encuentra en los pensadores racionales y responsables. Tendemos a confiar en los que tienen sentido común mucho más que en los demás. Las personas con sentido común casi siempre están tranquilas, frías y serenas en momentos de estrés y confusión. Esas personas suelen ser vistas como profesionales de confianza y fiables en sus campos de trabajo. El sentido común se asocia a la fiabilidad porque quienes lo tienen se dejan llevar más por la lógica y la racionalidad que otros que no lo tienen. Con el sentido común, un orador también es capaz de leer mejor a la multitud y de transmitir mensajes más basados en la realidad.

El buen juicio moral es otro aspecto en el que Aristóteles hace mucho hincapié. Se suele decir que el carácter es lo que hacemos cuando nadie nos mira. Lo mismo ocurre con la moral. Aristóteles pensaba que tener este sentido del juicio moral era crucial para desarrollar el arte de la persuasión.

Por último, la buena voluntad es el estado en el que una persona tiene realmente en cuenta su propio interés. Sin esta voluntad, no hay una dirección clara en la mente de una persona en cuanto a dónde deben ir las cosas o incluso cómo deberían ser idealmente. Si un orador no muestra conocimiento o consideración por los intereses del conjunto al que se dirige, nunca se creará una relación. Aunque el ethos de una persona probablemente se vea menos afectado por la falta de buena voluntad que por la falta de cualquiera de los otros dos bienes, la gente sigue sintiéndose desanimada por esta ausencia porque no estará segura de si el orador está realmente de su lado. Sólo, como afirma Aristóteles, con estas tres cualidades una persona puede ser más digna de confianza y ganar ethos.

El pathos puede ser un modo de persuasión más poderoso porque depende de la capacidad del orador para apelar a las emociones del público. De esta palabra raíz se forman las palabras empatía, patético y simpatía. Utilizando las tácticas comunes de la metáfora, el símil y la entrega apasionada en general, el orador puede ganar patetismo. A menudo, incluso las simples afirmaciones de que las cosas son injustas son suficientes para apelar a las emociones de los oradores. Este modo de persuasión es increíblemente eficaz cuando se utiliza con otros, pero suele fracasar cuando se emplea de forma aislada. Sin embargo, hay un criterio principal que un orador debe cumplir para obtener el patetismo: tiene que transmitir un mensaje que esté de acuerdo con algunos valores subyacentes de los lectores u oyentes.

Para conseguir el patetismo, el orador puede centrarse en cualquier emoción que considere útil aprovechar. Entre ellas se encuentran la felicidad y el optimismo, pero también emociones más negativas como el miedo y la ansiedad. Sean cuales sean las emociones, un orador sensible a las emociones de la audiencia consigue fácilmente la simpatía de la gente al hablarles de lo que más les llama la atención.

Nuestra adopción de creencias y puntos de vista depende en gran medida de nuestras emociones inmediatas. Un buen orador no sólo sabe cómo exaltar ciertas emociones, sino también cómo eliminar otras. Para conseguir que la gente se enfade por una causa, un buen orador explicará los reparos que hay detrás de esa causa. Del mismo modo, si una multitud de personas está enfadada por los precios de la gasolina, un buen orador las calmará y les dará la seguridad de que podrán seguir desplazándose. Una persona persuasiva tiene en cuenta lo que preocupa a los demás y les ofrece soluciones a sus problemas.

Cuando se utiliza en discursos y escritos, el patetismo suele jugar con la imaginación y las aspiraciones del público en relación con los acontecimientos futuros. Los pensadores persuasivos no sólo son capaces de predecir y hablar a las emociones presentes, sino que también son capaces de transmitir algún tipo de imagen de cómo podría ser el futuro bajo su visión. Sin este énfasis en la finalidad teleológica de lo que piensa el persuasor, el persuadido se queda sin un curso de acción determinante que seguir y, por tanto, está destinado a no ser persuadido.

Si bien es cierto que hay que asegurar una cierta cantidad de ethos para que se escuche a un orador, este ethos a menudo se minimiza y se pone en un papel subordinado al pathos. Cuando el pathos es el modo principal utilizado, a menudo empezamos a ver menos control en el discurso y la escritura y más apelación a las emociones básicas y a menudo irracionales. William Cullen Bryant veía esto como un hecho correcto, afirmando que cualquiera que hable con rectitud dará al mundo una ofrenda que superará cualquier cantidad de errores que traiga consigo.

Aristóteles nos ofrece algunas de las dualidades básicas de la emoción en el libro 2 de su *retórica:*

La ira frente a la calma

Las personas tienden a enfadarse cuando mostramos desprecio hacia ellas, las avergonzamos o actuamos con rencor. El desprecio se define aquí como el tratamiento de las cosas o personas que los demás valoran como poco importantes. Actuar con rencor es impedir que los demás consigan lo que quieren sólo para perjudicarlos. La vergüenza se da cuando desacreditamos a los demás de alguna manera. Hacer lo contrario de estas cosas, como dejar las cosas y las personas en su propio valor, tener a los demás en estima y dejar que los demás tengan lo que quieren, mantendrá a la gente tranquila.

Amistad vs. odio

Elegimos como amigos a aquellos que actúan sin egoísmo para conseguir lo mejor para nosotros. Mostramos odio hacia aquellos que son egoístas o que trabajan con fines perjudiciales. Los contingentes sólo se forman entre personas que tienen intereses comunes. Dividimos nuestro mundo en los que trabajan con nosotros (amigos) y los que no (enemigos).

Miedo vs. confianza

Sólo tenemos miedo de las cosas que percibimos que pueden causarnos daño o sufrimiento. Cuando no percibimos que esos peligros existen, o tenemos medios para combatirlos, nos sentimos confiados. La confianza derivada de nuestra capacidad percibida para combatir el peligro es la más fiable de las dos, porque cualquier confianza derivada de la falta de peligro insinúa un peligro en el futuro.

Vergüenza vs. desvergüenza

Sentimos vergüenza cuando hemos sido desacreditados por mostrar lo que Aristóteles llamaba maldad moral, como ser cobardes, arrogantes, avaros o mezquinos. Sentimos vergüenza cuando nos resulta indiferente o despreciable la percepción que tienen los demás de nuestra maldad moral. La vergüenza es el concepto de maldad moral (real o percibida) unido al concepto de autoconciencia. La desvergüenza es este concepto divorciado de la autoconciencia.

Amabilidad frente a antipatía

Se nos percibe como bondadosos cuando ayudamos a los demás por su propio bien. Se nos percibe como poco amables cuando no ayudamos a los demás o lo hacemos sólo por nuestro propio bien. La bondad se encuentra en aquellos que tienen en cuenta los intereses de aquellos a los que ayudan. La falta de bondad se encuentra en aquellos que no ayudan a los demás o que lo hacen para su propio beneficio.

Lástima vs. indignación

Sentimos compasión por quienes sufren en formas y calibres que percibimos como desproporcionados a la aptitud. Por otro lado, sentimos indignación cuando vemos que a otros les va bien y sentimos que no se lo merecen. La lástima se siente cuando vemos que alguien sufre más de lo necesario, mientras que la indignación se siente cuando vemos que alguien obtiene más de lo que su carácter merece, o eso creemos.

Envidia vs. emulación

La envidia se siente cuando vemos que otra persona a la que consideramos nuestro igual tiene una buena fortuna. Se siente con más intensidad cuando sentimos que tenemos derecho a la misma buena fortuna o cuando ya no nos vemos como iguales a esa persona como resultado de las circunstancias afortunadas. La envidia proviene del egoísmo, ya que no ofrece que podamos vivir a través del otro individuo. Sentimos más envidia de los que percibimos como más afortunados que nosotros porque toda persona quiere creer que es igual a los demás.

La emulación se siente cuando vemos a otro que tiene buena fortuna y sentimos que podemos alcanzar una fortuna similar. Aquí tenemos el mismo estímulo que provoca la envidia, pero nuestra respuesta mediacional es más constructiva y positiva. Aristóteles consideraba, como lo haría la mayoría, que la emulación era el mejor de estos dos sentimientos, porque mientras las personas envidiosas suelen desear que la persona más afortunada tenga menos, las personas emuladoras se limitan a esforzarse por conseguir más. La envidia es la percepción de la desigualdad con el concepto de aversión hacia los que tienen más, mientras que la emulación es la misma percepción con el concepto de autoeficacia.

El concepto de ser humano incluye necesariamente el de emoción. Las emociones nunca son buenas o malas, sólo son racionales o irracionales. A veces, por ejemplo, el miedo y la ira son las únicas respuestas racionales a las realidades externas, mientras que en otras ocasiones se pide serenidad y felicidad. Un buen persuasor conoce los entresijos de las emociones de los demás, ya sean racionales o irracionales. Con este conocimiento, un persuasor puede exaltar las emociones que desea en otros individuos y restringir todas las demás.

El logos es, a grandes rasgos, una apelación a la lógica. De hecho, el término lógica deriva de éste. Por lo general, hay algún tipo de tesis que un orador intenta comunicar al hablar. La lógica, en parte, se refiere a los hechos y cifras que apoyan estas tesis, en este caso. Tener un logos tiende a engendrar un mayor ethos para un orador, ya que la información hace que el orador parezca más informado ante su(s) oyente(s). Aunque el logos puede ser increíblemente útil, también puede ser perjudicial y engañoso, según el contenido de la información y su relación con el tema que se trate. A menudo, la información mal contextualizada, falsificada o inexacta lleva a los oyentes por el mal camino, haciéndoles abandonar al orador y haciendo que éste pierda el ethos.

Aristóteles nos habla de tres métodos principales de persuasión lógica:

Argumento deductivo

En su etapa inicial, un argumento lógico sólido planteará una serie de premisas axiomáticas. Estas afirmaciones se perciben como verdaderas o falsas. A partir de estas premisas, podemos llegar a las conclusiones. Si se dijera que una conclusión es verdadera dado que todas sus premisas axiomáticas también son verdaderas, el argumento se consideraría válido. Si todas estas premisas son verdaderas y se dice que el argumento es válido, entonces también es, por definición, sólido. Estos argumentos son lo que se conoce como argumentos deductivos. Dentro de estos argumentos, las nociones de validez y solidez se definen y observan desde las premisas hasta las conclusiones. Son buenos argumentos porque utilizan una lógica fácilmente inteligible a lo largo de sus cursos.

Argumento inductivo

Si a partir de nuestras premisas iniciales, en cambio, encontramos conclusiones que no son necesariamente pero sí probables, entonces estamos haciendo argumentos inductivos. Estos argumentos existen con el concepto de incertidumbre y cierta cantidad de conjeturas. La fuerza o la debilidad de un argumento inductivo se encuentra sólo en la probabilidad de que sus conclusiones sigan a sus premisas. Un argumento inductivo convincente es aquel en el que todas sus premisas son, de hecho, verdaderas.

Argumento abductivo

Se llega a un argumento abductivo cuando recogemos un conjunto de datos y luego procedemos a formular una conclusión basada en esos datos. Esta conclusión debe explicar siempre el conjunto de datos en cuestión. Al igual que los argumentos deductivos, la validez y la solidez de estos argumentos dependen de la verdad de las conclusiones.

Por último, Kairos se refiere al tiempo y al lugar. Este modo se utiliza a menudo para infundir un sentido de urgencia en las mentes de los oyentes, instándoles a actuar sobre los acontecimientos a medida que se producen.

Además de los modos aristotélicos de persuasión, también existen numerosos métodos contemporáneos que pueden utilizarse en nuestro beneficio. Aunque los modos aristotélicos son siempre aplicables, la gente siempre inventa nuevas formas de persuadir a los demás, formas que suelen estar pensadas para atraer más a la gente de la época.

El mimetismo es uno de los métodos más eficaces de persuasión. Tendemos a ser mucho más receptivos a los mensajes cuando los emiten personas que hablan, piensan y actúan como nosotros. El uso de la mímica casi siempre aumenta la compenetración, hace que los demás nos quieran más y nos hace parecer más agradables en general. Cuando tratemos de persuadir a los demás, debemos fijarnos siempre en cómo actúan y hablan, y reflejar estas características en la medida de lo posible para fomentar en sus mentes una sensación de parentesco con nosotros. Esto nos pondrá en el mismo terreno que ellos, por así decirlo, asegurándoles que compartimos intereses comunes con ellos y que estamos dispuestos a trabajar con ellos para perseguir estos intereses.

La paradoja de Ellsberg se descubrió en 1961 en una serie de experimentos realizados por Daniel Ellsberg. En estos experimentos, se dijo a los participantes que debían elegir entre dos urnas de las que sacar una bola, la primera contenía 100 bolas rojas y negras sin una proporción determinada entre los dos colores, y la segunda tenía exactamente 50 bolas rojas y 50 negras. La recompensa era de 100 dólares si elegían el color correcto, y de 0 dólares si no lo hacían. La gran mayoría de los sujetos sacaron de la segunda urna con la proporción determinada de colores.

Estos experimentos demuestran que somos naturalmente propensos a evitar el riesgo y la incertidumbre siempre que sea posible. Aunque a veces nos beneficia más apostar por lo incierto, sigue siendo nuestra proclividad natural a ceñirnos a probabilidades ciertas y concisas siempre que las encontremos, incluso cuando se demuestra que nuestras ganancias son menores por hacerlo.

La influencia social, o prueba social, se refiere a que nos afectan los pensamientos, las emociones y los comportamientos de los demás. Este tipo de influencia nos impresiona en gran medida de forma inconsciente, por lo que a menudo es difícil discernir lo que hacemos por nuestro propio interés de lo que hacemos como resultado de esta influencia. Aquí se impone la pregunta: ¿hasta qué punto somos simplemente el producto de quienes nos rodean? La mayoría de las personas pueden analizarse como un conjunto de sus influencias sociales inmediatas.

Por muy independientes que seamos, anhelamos la validación externa para que nuestros patrones de pensamiento nos parezcan "normales". Las personas que más admiramos acaban siendo las máximas autoridades en cuanto a cómo debemos pensar, sentir y comportarnos, nos guste o nos demos cuenta o no.

La reciprocidad es otro asistente de la persuasión. Cuando recibimos cosas de los demás, sean las que sean, solemos sentir el impulso de corresponder. Cuando sentimos este impulso, nos obliga a apaciguar al otro, lo que nos hace mucho más propensos a ser persuadidos por el individuo. Cuando damos cosas a los demás, no sólo les obligamos a corresponder, sino que también les hacemos mucho más propensos a trabajar con nosotros en el futuro. La gente necesita un incentivo de algún tipo para colaborar con nuestros fines. Tiene que haber alguna manera de que una persona pueda ganar trabajando con nosotros. Al hacer favores y dar cosas a los demás, les damos ese incentivo y les instamos a que nos correspondan y hagan lo mismo con nosotros. Sin embargo, las experiencias nos afectan de forma inversamente proporcional a su distancia temporal con respecto a nosotros, por lo que cuando hacemos cosas por otras personas, éstas suelen sentirse más obligadas a corresponder justo después, y esta compulsión sólo disminuirá con el paso del tiempo.

La falacia de la mano caliente es otro fenómeno que podemos utilizar en nuestro beneficio. Se trata de una falacia por la que la gente se hace creer que, como resulta que están encontrando éxitos inmediatos, seguirán haciéndolo indefinidamente. Aunque el éxito a menudo engendra éxito, la vida es en última instancia caótica y aleatoria y las vicisitudes tienden a presentarse cuando menos lo esperamos. El modus operandi de la falacia se encuentra en la percepción (presuntamente falsa) de control que nos da.

Es muy probable que las personas estén convencidas de sus éxitos futuros cuando están experimentando éxitos. De nuevo, cuanto más cercana es una experiencia a nosotros temporalmente, más nos afecta. Este afecto se extiende a nuestras percepciones, lo que en este caso implica que los éxitos más recientes nos harán creer que tendremos mejores futuros. Para persuadir a alguien aprovechando esta falacia, debemos hacerle creer que actualmente está experimentando el éxito, y seguir insistiendo en que las cosas sólo van a mejorar para él.

El sentido del compromiso y de la coherencia nos llevará a mantener las cosas que elegimos, sean cuales sean. Cualquiera que sea la elección que hagamos en la vida, está en nuestra naturaleza mantenerla hasta que demuestre que es defectuosa, si es que lo hace. A lo largo de estas vetas que nos hemos tallado, viajaremos hasta que el cambio sea necesario.

Si intentamos persuadir a los demás, podemos utilizar su sentido del compromiso en nuestro beneficio, consiguiendo primero que acepten cosas más pequeñas y, con el tiempo, que se comprometan más y más. A la gente le desanima que se le conceda demasiada responsabilidad de golpe. En cambio, preferimos facilitar las cosas tomándonos el tiempo necesario para la transición. La persuasión es, en parte, un juego de pequeñas peticiones, cada una de las cuales se va construyendo sobre la anterior, lo que lleva a un compromiso cada vez mayor entre las partes.

Cuando tomamos una decisión, tendemos a confiar demasiado en los primeros datos que encontramos. Esta tendencia se denomina anclaje y se considera falaz porque hace que pasemos por encima de otras informaciones útiles que podrían ayudarnos en la toma de decisiones.

Una vez que se ha establecido un anclaje, también se establece un sesgo hacia su idea. De esto se deduce necesariamente que es mucho más probable que la gente se deje convencer de algo cuando se ha hecho un anclaje inicial hacia ello. Si intentamos convencer a alguien de que tome una determinada decisión, tendremos que darle una información inicial en la que pueda basar sus decisiones posteriores.

Además, el simple hecho de que nos guste otra persona nos hace mucho más receptivos a ella. Uno de los mayores defensores de la persuasión es la simple simpatía. Nunca nos influyen positivamente las personas que no nos gustan, independientemente de su carácter. Buscamos aplastar las opiniones de estas personas cada vez que nos cruzamos con ellas y, como resultado, nunca nos persuaden las cosas que dicen. Para poner a una persona de nuestro lado, tenemos que tratarla de manera que le caigamos bien, porque sin que lo haga no se puede fomentar ningún sentimiento de camaradería, y sin ningún sentimiento de camaradería nunca podremos persuadirla de nada.

Ser amable con los demás es probablemente la mejor manera de caerles bien. Recordar que hay que sonreír y permanecer con el corazón ligero alrededor de los demás hará que la gente se sienta más cómoda con nosotros, abriendo la puerta a conversaciones más amistosas y cordiales.

Siempre hay que tener en cuenta las palabras sensoriales cuando se trata de convencer a los demás. Estas palabras son algunas de las más poderosas que utilizamos, y es probable que las personas se vean más afectadas por estas palabras que por cualquier otra. Las palabras con connotaciones de estímulos sensoriales que la gente encuentra agradables pueden utilizarse para convencer a la gente a menudo sin que lo sepan. Estas palabras son algo más que simples palabras para quienes las escuchan, son experiencias reales y tangibles asociadas a experiencias sensoriales, por lo que utilizar estas palabras sabiamente puede tener un efecto sorprendentemente poderoso en los procesos de toma de decisiones de quienes las escuchan.

También tenemos un sesgo hacia la autoridad. Los pensamientos y opiniones de las figuras de autoridad suelen considerarse mucho más valiosos de lo que realmente son. Desde pequeños se nos socializa para que respetemos a las figuras de autoridad y nos tomemos en serio lo que dicen. Por eso se escucha más lo que dicen estas personas que lo que dicen otras. Aquí es donde el ethos sigue siendo importante. Para que se nos escuche, por no hablar de que seamos persuasivos, tenemos que convencer a nuestro público de que somos una especie de autoridad en lo que hablamos.

El efecto Ikea es un fenómeno por el que la gente tiende a valorar más las cosas que ha armado que las que le han llegado pre armadas. Nos enorgullecemos de lo que producimos y consideramos que estos productos son mejores y más valiosos que los de cualquier otro. Dar a la gente una sensación de participación en lo que les proponemos hará que sean mucho más receptivos a nuestras ideas porque se sentirán parte de algo que les da la palabra.

A la gente le gusta tener opciones y sentir que controla las opciones que sigue. Cuando hacemos que nuestras premisas y argumentos parezcan más personalizables para los demás, se identificarán más con lo que decimos porque estamos fomentando una especie de diálogo negociado entre nosotros y ellos. Esta sensación de unidad puede hacer que la gente sea mucho más proclive a seguirnos allá donde decidamos ir intelectualmente.

Capítulo siete: El control de las emociones

El lugar de trabajo suele ser uno de los sitios más difíciles para controlar las emociones. Por mucho que lo intentes, siempre surgen esos días difíciles. En su vida personal, sus reacciones ante situaciones estresantes son mucho más libres, pero en el lugar de trabajo, sus reacciones están sujetas al escrutinio de sus compañeros. Cualquier arrebato emocional mientras trabaja no sólo puede dañar su reputación profesional y su productividad, sino que incluso puede hacer que le despidan.

En circunstancias normales, suele ser fácil mantener la compostura en el lugar de trabajo, pero en circunstancias más estresantes, como despidos de personal, recortes presupuestarios y cambios de departamento, mantener la calma puede resultar difícil, si no imposible. En estas circunstancias, sin embargo, es aún más importante mantener la calma, ya que los jefes suelen tener en cuenta el comportamiento de sus empleados a la hora de decidir quién es despedido. Uno tiene total libertad para reaccionar ante determinadas situaciones, pero esa libertad conlleva una responsabilidad, especialmente en el lugar de trabajo.

Puede parecer fácil decidir cómo va a reaccionar en determinadas situaciones a posteriori, pero siempre es recomendable explorar técnicas para afrontar estas situaciones y emociones. Aquí hablaremos de muchas emociones negativas asociadas al empleo, así como de muchos métodos para afrontarlas.

Las emociones negativas más frecuentes entre los trabajadores son las siguientes:

Preocupación/nerviosismo, frustración/irritación, desagrado, ira/agresión, decepción/infelicidad

Y ahora nos adentraremos en algunas estrategias para lidiar con estas emociones insanas.

Preocupación/nerviosismo

Se trata de dos de las emociones más desagradables y malsanas del espectro y, por desgracia para los trabajadores, estas dos plagan prácticamente todos los lugares de trabajo. Esta ansiedad puede provenir de varias fuentes: el miedo a ser despedido, los problemas sociales, los bajos salarios, la gran carga de trabajo, etc., y agravarse con problemas en casa, o con la familia o los amigos de muchos. Una pequeña cantidad de estrés puede ser algo productivo, pero una vez que se convierte en ansiedad crónica, empiezan a surgir problemas de salud. He aquí algunos consejos para evitar la ansiedad excesiva:

Romper los ciclos de preocupación
No se rodee de ansiedad. Si puede prever que una situación o una conversación le producirá una ansiedad innecesaria, evite esa ansiedad. Intente minimizar el número de cosas que le provocan ansiedad.

Pruebe los ejercicios de respiración profunda
Estos ayudan principalmente a reducir la respiración y el ritmo cardíaco. Hay todo tipo de ejercicios de respiración profunda que puede conocer en Internet. Por ejemplo, la respiración cíclica, que consiste en inspirar durante 4 segundos y mantener la respiración durante 4 segundos, y luego espirar durante 4 segundos y mantener la respiración durante 4 segundos. Al hacer estos ejercicios, es importante concentrarse en la respiración y en nada más. Además de estos ejercicios, existen otros ejercicios de relajación física que ayudan a reducir el estrés en el trabajo, como la relajación muscular progresiva.

Centrarse en mejorar la situación
Sea lo que sea lo que le preocupa en relación con el trabajo, pensar en soluciones y hacer intentos para conseguirlas le ayudará a reducir su ansiedad en gran medida. Hacer estas cosas también le convertirá en un activo más valioso para su empresa.

Anote sus preocupaciones en un diario

El simple hecho de escribir las cosas que le molestan hará mucho por aliviar la ansiedad que las rodea. Esta técnica también ayuda a reducir los problemas de sueño y las pesadillas, ya que las preocupaciones que anotamos durante el día no suelen molestarnos por la noche. Una vez anotadas, puede programar momentos para tratar estos temas. Antes de que llegue ese momento, deje que esos problemas le abandonen y siga con su día. Cuando llegue ese momento, asegúrese de realizar un análisis de riesgos adecuado antes de poner en marcha cualquier plan.

La preocupación y el nerviosismo pueden disminuir la confianza en uno mismo y provocar complicaciones en la salud. siempre es importante alejar estas emociones negativas y mantenerse confiado y seguro.

Frustración/irritación

La frustración suele estar causada por la sensación de estar atrapado o atascado en un punto del que se quiere salir, pero no se puede. Este sentimiento puede estar causado por varias cosas, especialmente en el trabajo. Un compañero que bloquea un proyecto tuyo, un jefe demasiado desorganizado para llegar a tiempo a una reunión o una llamada telefónica que se retrasa más de lo necesario son sólo algunos ejemplos que me vienen a la mente. La frustración, sean cuales sean sus causas, debe tratarse siempre con rapidez, porque cuando no se hace puede acumularse en ira y otras emociones aún más negativas.

Sin embargo, hay muchas maneras de lidiar con esta horrible emoción, algunas de las cuales se enumeran a continuación:

Parada para evaluar
Lo mejor que se puede hacer cuando surgen sentimientos de frustración es dejar lo que se está haciendo y tomarse un tiempo para evaluarlos. Escribir las frustraciones en esta fase puede ser de gran ayuda. Una vez hecho esto, piense en algunos aspectos positivos de su situación actual. Esto mejorará su estado de ánimo y reducirá la frustración.

Busque cosas positivas
Una vez más, encontrar el lado bueno de una situación frustrante le hará ver los acontecimientos bajo una nueva luz. Este cambio en su forma de pensar mejorará su estado de ánimo, entre otras cosas. Si es una persona la que le está causando frustración, tenga en cuenta que probablemente no sea algo personal, y si se trata de un acontecimiento o una situación, probablemente pueda resolverse. Intente pasar de este paso en la medida de lo posible.

Recuerde la última vez que se sintió frustrado
Si puede recordar la última cosa por la que se sintió frustrado, probablemente pueda recordar cómo se

resolvió finalmente. Mirando las cosas en retrospectiva, siempre se resuelven bien. También es probable que pueda recordar que sus sentimientos de frustración no le ayudaron mucho en esa última situación, así que asumir que le están ayudando esta vez no sería muy prudente. La perspectiva lo es todo, y muchas cuestiones pierden mucho de su importancia cuando se ven desde distintos ángulos.

No me gusta

La antipatía por ciertos compañeros de trabajo es inevitable, y cuando aparece, rara vez desaparece. Todos tenemos que trabajar con personas que nos caen mal en un momento u otro, así que cuando estas personas llegan, es importante tomar medidas para tratarlas con responsabilidad. Algunas de las mejores cosas que puede hacer en estas situaciones son

Mostrar respeto
Nunca está obligado a llevarte bien con todas las personas con las que trabajas, pero sí, en muchos sentidos, a mostrarles todo el respeto. Cuando surgen estas situaciones, el orgullo y el ego son dos cosas que debe dejar de lado, aunque la otra parte o partes no estén dispuestas a hacerlo. Esto le permitirá salir de la experiencia con su dignidad intacta, sean cuales sean los resultados.

Sea asertivo

Si un compañero de trabajo es grosero o poco profesional con usted, no tenga miedo de decírselo. Si lo hace con seguridad y equidad, puede que se sientan inclinados a cambiar algunas de sus actitudes y comportamientos en el futuro.

Ira/agresión

La ira es posiblemente la emoción más destructiva que contiene el ser humano. Esto es especialmente cierto cuando la ira está fuera de control en el lugar de trabajo. También es una emoción que la mayoría de nosotros no manejamos muy bien. En lo que respecta al trabajo, suele haber muy poco espacio para la ira, lo cual es problemático porque gran parte de ella se lleva a casa. Controlar esta emoción es uno de los pasos más importantes para mantener cualquier trabajo, especialmente para aquellos que tienen dificultades con esto. A continuación se enumeran algunos consejos para controlar esta emoción:

Esté atento a los primeros signos de ira
Nadie más puede detectar cuando su ira se está acumulando como usted, así que detectarla a tiempo es su propia responsabilidad. Como se ha mencionado antes, usted decide cómo reaccionar ante las situaciones, así que si reacciona con ira, nadie es responsable de que eso ocurra.

Cuando surja la ira, tómese un descanso de lo que está haciendo.

Cuando empiece a enfadarse, cerrar los ojos y probar los ejercicios de respiración profunda antes mencionados puede ayudarle enormemente. Estas acciones harán mucho por interrumpir sus pensamientos de enfado y le ayudarán a poner su mente de nuevo en una vía más positiva y relajada, reduciendo las declaraciones y decisiones irracionales que se toman.

Imagínese a sí mismo cuando se enfade. Imaginar cómo se ve y se comporta suele darle la perspectiva necesaria sobre la situación en cuestión. Por ejemplo, si tiene ganas de gritar a un compañero de trabajo, piense en cómo se vería haciéndolo: nervioso, mezquino y exigente. Con esa imagen en mente, es fácil ver que no sería un buen compañero de trabajo al tomar esa decisión.

Decepción/infelicidad

La decepción y la infelicidad son dos de las emociones más jaleadas en los lugares de trabajo modernos. Estas dos son casi iguales a la ira en cuanto a su insalubridad, de hecho, la infelicidad puede ser más insalubre. También pueden tener un impacto perjudicial en su productividad, ya que pueden dejarle exhausto y agotado, y también menos inclinado a tomar riesgos en el futuro. He aquí algunas medidas que pueden tomarse para reducir los efectos de estas horribles emociones.

Considere su mentalidad

Intente tener siempre presente que las cosas no siempre van a salir como usted quiere. Si lo hicieran, la vida se volvería prosaica y sin sentido. A veces, son la adversidad y el sufrimiento los que dan carne a la vida. No trates de evitar estas cosas, la respuesta a estos problemas está en la voluntad de afrontarlos.

Establezca y ajuste sus objetivos

La decepción puede surgir a menudo por no alcanzar un objetivo. Sin embargo, esto no suele significar que el objetivo ya no sea alcanzable. Es natural sentirse decepcionado en estas situaciones, pero siempre hay que encontrar la fuerza de voluntad para volver a levantarse. Puede, por ejemplo, mantener su objetivo, pero haciendo un pequeño cambio. Cualquier cosa que le ayude a superar las decepciones a las que se enfrenta.

Registre sus pensamientos

Un método para afrontar las emociones negativas es escribirlas. Cuando se sienta infeliz o decepcionado, intente escribir lo que le molesta, y sea específico sobre sus preocupaciones. ¿Es su trabajo lo que le molesta? ¿Un compañero de trabajo? ¿Tiene demasiada carga de trabajo? Escribir estas preocupaciones le ayudará a identificar qué es exactamente lo que le molesta y cómo puede mejorar esas áreas de preocupación. Recuerde que siempre tiene más poderes de los que cree para mejorar una situación.

Recuerde sonreír

Forzar una sonrisa en su rostro puede hacerle sentir más feliz y aliviar el estrés. Además, esta actividad también libera los neurotransmisores dopamina, endorfinas y serotonina, que reducen el ritmo cardíaco y la presión arterial. Las endorfinas liberadas también actúan como analgésicos naturales y la serotonina actúa como antidepresivo natural. Sonreír también le hará parecer más atractivo a los que le rodean, mejorando aún más las relaciones que tiene con sus compañeros de trabajo.

Ahora que se han cubierto las principales emociones que tienen efectos adversos en la mayoría de los trabajadores, veamos algunas estrategias más para lidiar con ellas:

Compartimente sus factores de estrés

Intente mantener el estrés y el equipaje del trabajo y del hogar en esos lugares respectivos. Puede utilizar técnicas mentales, como imaginar los factores de estrés encerrados en una caja por el momento. Si no intente compartimentar estos asuntos, las aguas se enturbiarán mucho en su vida personal y las cosas se complicarán mucho.

Identifique su propio discurso

Reproduzca lo que se dice a sí mismo. Al hacer esto, puede encontrarse repitiendo pensamientos y frases para sí mismo que no son necesariamente verdaderas o útiles. Intente identificar sus propios pensamientos que pueden ser engañosos o estar basados en errores de pensamiento. Hacer esto le ayudará a pasar de algunos de sus peores puntos y actitudes a una mentalidad más productiva y expansiva.

Identifique y acepte su emoción

No hay prácticamente nada que pueda hacer para controlar una emoción que ni siquiera está dispuesto a aceptar. Es como negar la existencia de una araña justo delante de sus ojos, la araña se hará cada vez más grande hasta que sea todo lo que pueda ver. Al identificar las emociones que tiene y aceptar que son una parte natural de la vida, les quita mucho poder. Al hacer esto, también se está convirtiendo en un mayor solucionador de sus propios problemas.

Afirme sus derechos

Hay muchos lugares en la vida, sobre todo en el trabajo, en los que seguramente sentirá que no tiene derechos ni control sobre lo que le ocurre. Al identificar sus derechos y sus poderes, se da una cierta perspectiva sobre las cosas que están dentro y fuera de su control. Después de tomarse un tiempo para hacerlo, puede que descubra que es mucho más poderoso de lo que cree. Esto mejorará su estado de ánimo y su confianza en sí mismo al afirmar estos derechos que tiene.

Comunicar estratégicamente

Cualquiera puede hablar de las cosas que no le gustan, pero se necesita habilidad y agallas para conseguir que se hagan las cosas para solucionar todos sus problemas. Cuando intentas comunicarte con los demás, especialmente en caso de desacuerdo, siempre es importante ser preciso en su lenguaje. Esto le permitirá comunicar sus reparos con mayor eficacia, y también disminuirá la posibilidad de tener malentendidos y discusiones acaloradas. Cuando intente transmitir un punto, intente llegar a la situación con alguna idea de lo que quiere conseguir y su probabilidad de tener una conversación productiva aumentará drásticamente. Si los demás responden emocionalmente, deje que se desahoguen y sea comprensivo. Puede que aprenda más de ellos que ellos de usted. Pídales también más detalles y probablemente los dos se acercarán a un entendimiento gracias a ello.

Sea objetivo

Intente examinar lo que le preocupa desde un enfoque analítico y otro sintético. Un enfoque analítico le ayudará a entender el problema con más profundidad y claridad, mientras que un enfoque sintético le ayudará a entender el problema dentro de la clase de todos sus posibles problemas. Es importante analizar las cosas con profundidad y enfoque, pero ver las cosas como parte de su comprensión total le ayudará a hacer conexiones y a descubrir por qué le molestan esas cosas mediante asociaciones libres.

Las emociones nunca están bien o mal, sólo se sienten. No hay que avergonzarse de sentir emociones, a menos que, por supuesto, la emoción sea una vergüenza. Las emociones siempre van y vienen y siempre son más sabias que el ego. Sin embargo, cada uno de nosotros tiene libre albedrío en cuanto a cómo reaccionar ante las vicisitudes de la vida. Controlar las emociones no siempre es fácil, de hecho, a veces resulta casi imposible. Pero esta habilidad es como cualquier otra, ya que puede mejorarse con la práctica y la diligencia.

Capítulo ocho: Ingeniería social y liderazgo

Los pensadores contemporáneos suelen subestimar la importancia de la ingeniería social y el liderazgo. La mayoría de la gente está tan absorta en manipular y derribar las estructuras jerárquicas que se olvida de averiguar cómo manifestarse dentro de estas estructuras. Tanto si se tiene una inclinación hacia el liderazgo como si no, sigue siendo importante tener un conocimiento práctico del liderazgo y de cómo funciona entre grupos de personas.

Los líderes, por encima de todo, se ayudan a sí mismos y a los demás a dar pasos para hacer lo correcto. Al hacerlo, construyen una visión inspiradora, establecen la dirección y crean nuevas posibilidades. El liderazgo consiste, en parte, en trazar la ruta hacia el futuro exitoso de su equipo. Es un reto, pero también es emocionante, dinámico e inspirador. Sin embargo, establecer la dirección del grupo no es la única responsabilidad de un líder. También tiene la obligación de guiar a su gente en esas direcciones de forma fluida y eficiente. Esta puede ser la habilidad más desafiante y que requiere más tiempo para desarrollarse.

Este capítulo y sus consejos sobre el proceso de liderazgo se basarán en el "modelo transformacional" de liderazgo propuesto por James MacGregor Burns y desarrollado por Bernard Bass. Este modelo se centra más en provocar el cambio a través de un liderazgo visionario que en los procesos directivos normativos diseñados para mantener el rendimiento actual de determinados grupos.

Una visión general del liderazgo

Los siguientes son algunos rasgos de un líder eficaz:

1. Consigue crear una visión inspiradora del futuro
2. Inspira y motiva a las personas para que se comprometan con esa visión
3. Gestiona la realización de la visión
4. Construye y entrena a un equipo, para que sea más eficaz en el cumplimiento de la visión

Un liderazgo eficaz requiere que todos estos rasgos trabajen juntos. A continuación, sería útil explorar cada uno de estos elementos con mayor detalle.

Consigue crear una visión inspiradora del futuro

En el ámbito laboral, la visión que pronostica un jefe debe ser una representación convincente, realista y atractiva de la situación en la que se quiere estar en el futuro. Esta visión debe establecer prioridades, proporcionar una dirección y un marcador a las personas para asegurar que todos sean capaces de ver si los objetivos establecidos se han alcanzado o no.

Para crear una visión fiable, los líderes deben primero evaluar y analizar su situación actual para tener una idea de hacia dónde ir. Algunos pasos que conviene dar en esta etapa son considerar la evolución de su industria en el futuro, considerar los comportamientos de sus competidores y cómo innovar con éxito para dar forma a su negocio para competir en el mercado futuro. El siguiente paso es someterse a un análisis de escenarios para evaluar la validez de su visión.

El liderazgo es, por tanto, proactivo en lugar de reactivo; mirar hacia delante, resolver problemas y evolucionar constantemente.

Una vez desarrollada la visión del líder, es necesario venderla. Para ello, tiene que hacer que la visión sea convincente. Una visión convincente permite que la gente la entienda, la adopte, la vea y la sienta. Los líderes eficaces son capaces de comunicar su visión con eficacia y claridad. Son capaces de hablar de sus visiones de forma que la gente se sienta identificada e informan a la gente de forma inspirada. Esto hace que la gente sea más receptiva a sus ideas y esté más dispuesta a seguir lo que tienen que decir.

Los valores compartidos y la creación de una visión son dos componentes principales del liderazgo. Aquellos que pueden desarrollar habilidades en estas dos áreas tienen más probabilidades de tener éxito en funciones de liderazgo.

Inspira y motiva a las personas para que se comprometan con esa visión

La base del liderazgo es una visión convincente. Sin embargo, esta visión sólo se alcanza con la capacidad del líder para inspirar y motivar a sus seguidores. Al principio de la mayoría de los proyectos, es más fácil mantener el entusiasmo, lo que a su vez facilita la obtención de apoyos que en otras fases del proyecto. Una vez que el entusiasmo inicial se desvanece es cuando resulta más difícil mantener una visión inspiradora para avanzar. Las personas cambian junto con sus actitudes y métodos de trabajo, así como sus objetivos. Un buen liderazgo requiere reconocer este fenómeno y esforzarse a lo largo de un proyecto determinado para conocer las necesidades, las esperanzas y los deseos de los demás y, al mismo tiempo, cumplir con la visión en cuestión. Es un acto de malabarismo de altruismo y pragmatismo que ayuda allí donde va.

Una forma de vincular el esfuerzo, la motivación y el resultado se conoce como teoría de las expectativas. En ella se hace hincapié en que los líderes vinculan dos expectativas principales que tienen sus seguidores. Éstas se enumeran a continuación:

La expectativa de que el trabajo duro conduzca a buenos resultados.
Y
La expectativa de buenos resultados que lleva a incentivos o recompensas.

Las personas con estas expectativas prevén recompensas tanto intrínsecas como extrínsecas y, por lo tanto, se esfuerzan más por alcanzar el éxito.

Otro enfoque consiste en reafirmar repetidamente la visión con mayor énfasis en sus recompensas y en comunicar la visión de una manera más eficaz y atractiva.

El poder de los expertos es una de las cosas más útiles que puede tener un líder. La gente está más inclinada a admirar y creer en los líderes que lo tienen porque se les considera expertos en lo que hacen. La experiencia conlleva credibilidad, respeto y prestigio. Esto también da potencialmente a las personas el derecho e incluso la obligación de liderar a otros. Tener y mostrar competencia hace que los líderes tengan más facilidad para motivar e inspirar a sus seguidores.

El carisma natural y el atractivo también pueden servir como conductos para la motivación de un líder y su influencia sobre las personas, así como otras fuentes de poder. Estas otras fuentes de poder incluyen la capacidad de asignar tareas a las personas y de pagar bonificaciones.

Gestionar el cumplimiento de la visión

Esta área de liderazgo se aplica más a la gestión que cualquiera de estos otros consejos.

Los líderes siempre tienen que asegurarse de que gestionan adecuadamente el trabajo necesario para hacer realidad su visión. Esto puede hacerlo él mismo, un gestor o un equipo de gestores delegados por el líder para que cumplan la visión del líder.

Para lograrlo, los miembros del equipo deben cumplir sus objetivos de rendimiento vinculados a la visión de la empresa. Algunos medios para garantizarlo son los KPI (indicadores clave de rendimiento), la gestión del rendimiento y la gestión de proyectos. Otra forma de garantizar el cumplimiento de la visión es un estilo de gestión denominado gestión por desplazamiento (MBWA). Este estilo garantiza que se den todos los pasos necesarios para alcanzar los objetivos.

Otro rasgo de un líder eficaz es la capacidad de gestionar bien el cambio. El liderazgo es, al fin y al cabo, una evolución constante y un ajuste a las vicisitudes del trabajo. Gestionar los cambios de forma fluida y eficaz garantiza que se alcancen todos los objetivos y se superen los obstáculos en el transcurso de la realización de la visión del líder. Sin embargo, esto sólo puede hacerse con el respaldo y el apoyo de las personas que respaldan al líder.

Construir y entrenar un equipo para lograr la visión

Algunas de las actividades más cruciales que llevan a cabo los líderes transformacionales son el desarrollo individual y del equipo. Sin ellas, el líder no tendría nada que dirigir. El primer paso en el desarrollo de un equipo que debe dar un líder es llegar a comprender la dinámica del equipo. Hay varios modelos populares y bien establecidos que pueden describirlas a los líderes, como el enfoque de los roles de equipo de Belbin y la teoría de formación, tormenta, norma, actuación y aplazamiento de Bruce Tuckman. A continuación se presenta un análisis más profundo de esta teoría:

Formando

La etapa de formación implica que un equipo se reúna al principio de una empresa para determinar los objetivos del grupo y cómo llevarlos a cabo. Los miembros tienden a ser impersonales y educados durante este periodo, ya que todos se están orientando dentro del equipo.

Asaltando

La fase de asalto es un poco más selectiva y crítica. En esta fase, el liderazgo puede ser cuestionado junto con las ideas de los miembros del grupo. Se trata de una fase muy selectiva del proceso, ya que muchos de los miembros del grupo se sentirán abrumados y desconcertados por las turbulencias y las críticas. Algunos de ellos, que no se marchan después de esta fase, también renuncian al objetivo que tienen entre manos. Y algunos simplemente no quieren hacer lo que se les pide.

Normativa

La normalización es la etapa en la que el grupo se reúne para acordar un plan singular para alcanzar el objetivo común. En esta etapa, se anima a los miembros del grupo a ceder sus ideas para la mejora del grupo y también llegan a conocerse y entenderse mejor, construyendo relaciones más fuertes. Es el trabajo hacia un objetivo común lo que une a los miembros del equipo.

Realizando

En la fase de ejecución del proceso, los miembros del grupo son capaces de trabajar para lograr el objetivo sin mucha supervisión o aportación externa. También llegan a comprender mejor las necesidades de los demás y cómo trabajar juntos para lograr el objetivo.

Aplazamiento

En la etapa de clausura, se presenta la oportunidad de reflexionar sobre los resultados exitosos y no exitosos. Los miembros del grupo pueden utilizar estos resultados para saber qué deben hacer cuando trabajen en futuras tareas. Esto ayudará a suavizar el proceso de cumplimiento de un objetivo en el futuro.

La próxima vez que se encuentre trabajando en un grupo en una determinada tarea, supervise el progreso del grupo a través de estas etapas. Los miembros del grupo tienden a pasar por estas etapas en todo tipo de órdenes diferentes. En realidad, rara vez ocurren en el orden indicado. Sin embargo, si los miembros del equipo son conscientes de las etapas por las que están pasando -lo que normalmente no es así-, entonces pueden trabajar a través de estas etapas de manera mucho más eficiente y eficaz. Si usted mismo recorre estos pasos enumerados anteriormente, le ayudará a navegar mejor por los acontecimientos de su lugar de trabajo en el futuro.

Un líder competente siempre hace todo lo posible para asegurarse de que los miembros del equipo están equipados con todas las capacidades y habilidades necesarias para hacer su trabajo y lograr la visión general. Para ello, es necesario dar y recibir retroalimentación en el día a día, así como formar y entrenar a los miembros del equipo de forma regular. Estos pasos mejorarán el rendimiento individual y del equipo de forma espectacular.

Los buenos líderes dirigen, pero los grandes líderes dirigen y encuentran el potencial de liderazgo. Al dirigir un equipo, siempre es útil encontrar capacidades de liderazgo en los demás, sea cual sea su posición actual. Esto allana el camino no sólo para la diferenciación en el estatus jerárquico, sino también para un mayor desarrollo más allá de la influencia o incluso la permanencia del líder. También puede dar al líder un ejemplo sorprendentemente útil en otros trabajadores competentes.

Los términos "líder" y "liderazgo" se utilizan a menudo de forma errónea para describir a las personas que ocupan puestos de dirección. Estas personas suelen estar muy capacitadas y tener una gran ética de trabajo, pero eso no las convierte necesariamente en grandes líderes.

En los lugares de trabajo, con demasiada frecuencia, se encumbra a personas que los demás consideran líderes, pero que en realidad son gerentes. Estos directivos no suelen ofrecer ninguna aspiración ni siquiera objetivos a largo plazo a los miembros de su equipo, lo cual está bien a corto plazo, pero acaba provocando sentimientos de falta de sentido e incluso resentimiento.

Los siguientes puntos de debate en los que habría que profundizar son la dinámica de grupo y la ingeniería social. Son ámbitos importantes que hay que conocer cuando se entra en un nuevo lugar de trabajo, o en cualquier entorno social. Aquí veremos qué son las dinámicas de grupo y qué hay que saber sobre ellas para dominarlas.

La dinámica de grupo, ignorada o no por los participantes, desempeña un papel importante en cualquier cultura, organización o unidad. Los grupos están formados por personas con ideas y perspectivas diferentes. Es muy raro que todas las personas y sus ideologías sean homogéneas dentro de un grupo determinado. De hecho, también es peligroso. En estos grupos se busca que los líderes mantengan la unidad de propósito y la cohesión de la unidad. Los lazos culturales dentro de estas unidades deben desarrollarse más en ciertos momentos que en otros. Una vez desarrollados estos lazos, hay que esforzarse más por alimentarlos.

La disfunción dentro de estos grupos se produce con la alienación entre determinados miembros. Cuando un miembro se siente condenado al ostracismo, es muy poco lo que le impide actuar de forma imprevisible. Esto es algo que se produce a veces y, cuando lo hace, el líder puede tener dificultades para mantener la objetividad, ya que la estructura de la unidad cohesionada empieza a desmoronarse. Estos suelen ser los peores períodos de caos en la historia de los grupos. Sin embargo, son estos períodos los que separan a los buenos líderes de los malos.

En todo momento, si son comprensibles o apropiados, el líder o gerente debe seguir reconociendo al miembro del equipo que causa la perturbación como parte integrante del grupo. Un mayor distanciamiento normalmente sólo conduce a una mayor perturbación. En estos momentos, sería beneficioso que el líder considerara al empleado que causa la perturbación como un empleado especial, uno que podría utilizar la ayuda o las habilidades del líder, uno que sigue siendo parte del grupo, e incluso uno que puede estar ahí para enseñar algo al líder. Una revisión de la naturaleza de la comunicación, el poder y el clima corporativo de la unidad también sería beneficiosa en estas circunstancias para comprender mejor el punto de vista del miembro del equipo y evitar más disturbios en el futuro.

Un líder también debe tener habilidades de introspección objetiva. No es aconsejable, ni siquiera posible, guiar o ayudar a otros si no se desarrollan estas habilidades. Es poner el carro delante del caballo. Un líder que reconozca sus propias inseguridades podrá percibir y reconocer más fácilmente las disfunciones del personal como síntoma de disfunciones sistemáticas. El ego estará más abierto a la racionalidad una vez que se aborden los problemas personales de forma más específica. Se necesita una persona segura y madura para decidir que el personal es, en última instancia, más importante que sus propias ideas para avanzar.

Una vez que se dan nuevos pasos después de las disfunciones, se puede progresar mucho y la empresa puede quedar a menudo mejor que antes gracias a ello. El personal puede encontrar nuevos medios de comunicación y formas de relacionarse entre sí, puede encontrar también nuevos modos de comportamiento en conjunto que podrían incluso aumentar su autoestima o bienestar general. Afortunadamente para el líder, todos los miembros de la empresa pueden presumir de tener un jefe con una plétora de ideas y actitudes nuevas. Todos estos entresijos y normas suelen hacer que trabajar en grupo sea muy complicado a veces, pero si se cumplen todos estos pasos y cada uno pone de su parte, los beneficios del trabajo en equipo pueden ser innumerables.

Conclusión:

Gracias por llegar hasta el final de Psicología Oscura. Esperemos que este libro haya sido tan informativo y útil como sea posible. Todos tenemos un lado oscuro de nuestra psique, lo admitamos o no. Sólo aquellos que aceptan y estudian este lado oscuro pueden incurrir en los beneficios de hacerlo, y estos beneficios son algunos de los más grandes que podemos encontrar en la vida, por lo que este libro y otros como él son algunos de los mayores recursos que podemos darnos a nosotros mismos.

La psicología oscura podría describirse mejor como un estudio de la condición humana en el que se convierte en norma que las personas orillen a otras por deseos criminales y/o desviados. A menudo estos deseos carecen de un propósito específico y se basan principalmente en deseos instintivos básicos. Cada ser humano tiene el potencial y la capacidad de victimizar a otros seres humanos, así como a otras criaturas vivas, pero la mayoría de nosotros mantenemos estos deseos reprimidos para poder funcionar con éxito en la sociedad. Los que no sublimamos estas tendencias oscuras solemos ser representantes de la "tríada oscura": psicopatía, sociopatía y maquiavelismo, u otros trastornos mentales/perturbaciones psicológicas. De este modo, la psicología oscura se centra principalmente en las bases (es decir, los pensamientos, los sistemas de procesamiento, los sentimientos y los comportamientos) que se encuentran por debajo de los aspectos más depredadores de nuestra naturaleza, los mismos que van más enérgicamente a contracorriente del pensamiento moderno sobre el comportamiento humano. En este campo, tendemos a suponer que estos comportamientos más abusivos, criminales y desviados son intencionados la mayoría de las veces, aunque hay casos en los que parecen no tener fundamentos teleológicos.

La **psicología oscura** estudia las partes de nosotros mismos que ninguno quiere reconocer. En este campo, se profundiza en nuestros demonios más íntimos y se ilumina lo que preferimos no ver pero necesitamos ver. La psicología oscura acepta y abraza el lado más oscuro de la experiencia humana. En este sentido, hace lo mismo que cualquier área de estudio antropocéntrico, la única diferencia radica en la especialidad de la psicología oscura de esta realidad oscura dentro del animal humano. Sin embargo, la psicología oscura no pretende ser un desfile de villanos. Los especialistas en este campo hacen su trabajo para comprender mejor **por qué y cómo** las personas malévolas trabajan para conseguir sus fines, no por un intento de ganar fama para sí mismos o para idolatrar a los más monstruosos de entre nosotros. También es importante tener en cuenta que todos y cada uno de nosotros tenemos un lado oscuro o "malvado" de nuestra propia psicología. Si bien hay algunos otros conductos por los que podemos llegar a la realización de los contenidos de este lado, es la psicología oscura la que nos proporciona la ruta más clara en nuestro camino hacia nuestra iluminación respecto a lo oscuros que somos realmente y por qué.

En este libro se cubren las siguientes áreas con el objetivo de iluminar sus significados en nuestra vida cotidiana: los principios de la psicología oscura, los rasgos de **la "personalidad oscura"**, los estudios de la psicología oscura, la **lectura de la mente, la psicología cognitiva, los modos de persuasión, el control de las emociones y la ingeniería social y el liderazgo**.

Cuando la mayoría de la gente piensa en el término "psicología oscura", repasa en su mente los temas del maquiavelismo, la psicopatía y la sociopatía. Son lo que se conoce como rasgos oscuros de la personalidad y son un mero microcosmos del alcance general del campo. Estos rasgos son importantes de estudiar, ya que es probable que todos conozcamos a personas que los muestran, y que algunos de nosotros los mostremos nosotros mismos. Esta es sólo un área de la psicología oscura que se cubre en profundidad dentro de este libro.

La **lectura de la mente** y los modos de persuasión son otras dos áreas en las que se profundiza aquí. Prácticamente cualquier persona puede beneficiarse enormemente del estudio de estas dos áreas, por lo que aquí se incluyen también algunos consejos y técnicas útiles sobre cómo leer lo que piensan los demás y cómo persuadirlos para que colaboren con nuestros fines, entre otras muchas cosas.

www.ingramcontent.com/pod-product-compliance
Lightning Source LLC
Chambersburg PA
CBHW070935030426
42336CB00014BA/2680